Journal Historique Du Voyage De M. Lesseps, Consul De France, Employé Dans L'expedition De M. Le Comte De La Pérouse, En Qualité D'interprète Du Roi: Depuis L'instant Où Il A Quitté Les Frégates Françoises Au Port Saint-pierre & Saint-paul Du... - Primary Source Edition

Jean-Baptiste-Barthélemy Lesseps, Imprimerie Royale (París)

Nabu Public Domain Reprints:

You are holding a reproduction of an original work published before 1923 that is in the public domain in the United States of America, and possibly other countries. You may freely copy and distribute this work as no entity (individual or corporate) has a copyright on the body of the work. This book may contain prior copyright references, and library stamps (as most of these works were scanned from library copies). These have been scanned and retained as part of the historical artifact.

This book may have occasional imperfections such as missing or blurred pages, poor pictures, errant marks, etc. that were either part of the original artifact, or were introduced by the scanning process. We believe this work is culturally important, and despite the imperfections, have elected to bring it back into print as part of our continuing commitment to the preservation of printed works worldwide. We appreciate your understanding of the imperfections in the preservation process, and hope you enjoy this valuable book.

Merle d'Aubigné

~~129-12~~

49-2-56

FLC
9543

JOURNAL HISTORIQUE
DU VOYAGE
DE M. DE LESSEPS.

PARTIE I.

JOURNAL HISTORIQUE

DU VOYAGE

DE M. DE LESSEPS,

Conful de France, employé dans l'expédition de M. le comte de la Pérouse, en qualité d'interprète du Roi;

Depuis l'inftant où il a quitté les frégates Françoifes au port Saint-Pierre & Saint-Paul du Kamtfchatka, jufqu'à fon arrivée en France, le 17 octobre 1788.

PREMIÈRE PARTIE.

A PARIS,
DE L'IMPRIMERIE ROYALE.

M. DCC XC.

À MONSEIGNEUR
LE MARÉCHAL DE CASTRIES,
Miniſtre d'État.

MONSEIGNEUR,

En m'annonçant que vous aviez jeté les yeux ſur moi, pour accompagner M. le comte de la Pérouſe en qualité d'interprète, vous eutes la bonté de donner à mon zèle les encouragemens les plus flatteurs.

J'étois loin de prévoir alors l'heureux terme de mon voyage, de croire qu'il me fût réſervé de rapporter à notre auguſte Monarque, le journal curieux de nos premières découvertes.

Tout m'aſſure, MONSEIGNEUR, que votre bienveillance a influé ſur ma miſſion ; c'eſt donc à vous que je dois l'hommage de son succès.

Ne jugez pas cependant de ma gratitude d'après l'intérêt de l'ouvrage que j'ai l'honneur de vous offrir; je n'ai jamais senti plus vivement le chagrin de sa médiocrité qu'en le mettant sous vos auspices : mais si vous daignez rendre justice à ma reconnoissance, elle seule fera le prix du tribut que j'ose vous présenter.

Je suis avec le plus profond respect,

MONSEIGNEUR,

Votre très-humble & très-obéissant serviteur,
LESSEPS.

AVERTISSEMENT.

Le titre de cet ouvrage annonce ce qu'il est. Pourquoi m'étudierois-je à prévenir le jugement du lecteur! en aurai-je plus de droits à son indulgence, quand je lui aurai déclaré que, dans le principe, je n'eus pas la prétention de faire un livre! ma relation sera-t-elle plus intéressante, quand on saura que j'y travaillai uniquement par le besoin d'amuser utilement mon loisir, & avec la seule vanité de rapporter à ma famille le journal fidèle de mes peines & de mes observations dans le cours de mon voyage! Il est aisé de voir que j'ai écrit par intervalles, avec soin ou négligence, suivant que les circonstances me l'ont permis, que les objets m'ont plus ou moins frappé.

Averti par le sentiment de mon inexpérience, j'ai cru me devoir à moi-même de ne laisser échapper aucune occasion de m'instruire, comme si j'eusse prévu qu'on me rendroit comptable de mes momens & des connoissances que j'étois à portée de recueillir; mais de cette exactitude scrupuleuse à laquelle je me suis astreint, ne résultera-t-il pas le défaut de grâces & de variété dans ma narration!

D'ailleurs, les événemens qui me sont personnels, se trouvoient tellement liés aux sujets de mes remarques, que mon amour-propre n'a eu garde de supprimer ces détails: j'ai donc mérité le reproche d'avoir trop parlé de moi; c'est le péché d'habitude des voyageurs de mon âge.

Indépendamment de cette fatigante maladresse, je m'accuserai encore d'être tombé dans des répétitions fréquentes qu'eût évitées une plume plus exercée. Sur certaines matières, & particulièrement en fait de voyages, comment ne pas se former un style de routine! de-là, des tours & des expressions qui reviennent sans cesse: pour peindre les mêmes objets, on ne sait employer que les mêmes couleurs.

Avertissement.

En commençant ce Journal, le surlendemain de mon débarquement au port de Saint-Pierre & Saint-Paul, je fus d'abord arrêté par l'embarras des dates. Je n'avois point d'almanach François, & je finis par adopter le vieux style en usage en Russie; il me dispensoit de songer continuellement à la différence des onze jours que le nouveau style compte de plus; mais lorsqu'il a été décidé, contre mon attente, que cet ouvrage recevroit le grand jour de l'impression, je me suis empressé de rétablir dans les dates l'ordre reçu parmi nous, c'est-à-dire, le nouveau style; & pour la commodité du lecteur je les ai mises en marge.

Quant à la prononciation des mots Russes, Kamtschadales & autres, j'observerai que toutes les lettres doivent être bien articulées. Je me suis attaché, même dans le vocabulaire, à élaguer les consonnes, dont le concours confus décourage & n'est pas toujours nécessaire. Règle générale, le *kh* doit être prononcé de même que le *ch* des

Allemands, ou le *J.* des Espagnols ; & le *ch* comme dans notre langue. Les syllabes finales *oi* & *in*, se prononceront comme si elles étoient écrites *oï* & *ine*.

L'habile géographe qui s'est plu à donner ses soins à mes cartes, y a tracé ma route avec une si grande précision, que le lecteur peut me suivre pas à pas. C'est ce qui m'a déterminé à retrancher dans ma narration, toutes les notes sur les degrés de latitude & de longitude.

Une caravane Kamtschadale arrivant dans un village, est le sujet que j'ai choisi pour la gravure, parce qu'il peut à la fois, ce me semble, donner une idée des traîneaux, des diverses positions des voyageurs, de leur costume & d'un site. A la pureté du dessin & à la perfection du burin, on reconnoîtra le talent de deux artistes justement célèbres.

Il me reste à justifier le retard qu'a éprouvé l'impression de ce Journal. Sans contredit j'aurois pu le faire paroître plus tôt ; mon devoir même l'exigeoit, mais ma reconnoiſſance me preſcrivoit en même temps d'attendre le retour de M. le comte de la Pérouſe. Qu'eſt-ce que mon voyage, me ſuis-je dit ! Pour le public, ce n'eſt qu'une ſuite de l'importante expédition de ce commandant ; pour moi, c'eſt la preuve honorable de ſa confiance : double motif par conſéquent pour déſirer de lui ſoumettre les détails de ma relation. Mon propre intérêt m'en faiſoit également une loi : combien je me fuſſe eſtimé heureux, ſi, me permettant de publier mon voyage à la ſuite du ſien, il eût daigné m'aſſocier à ſa gloire ! c'étoit-là, je l'avoue, l'unique but de mon ambition & de mes délais.

Qu'il eſt cruel pour moi, après un an d'attente & d'impatience, de voir reculer encore ce terme de mes eſpérances ! Depuis mon arrivée il ne s'eſt pas écoulé de jour où mes vœux n'aient rappelé nos intrépides navigateurs de la Bouſſole & de l'Aſtrolabe. Que de fois, me promenant en idée ſur les mers qui leur reſtoient à parcourir, j'ai cherché à reconnoître leurs traces, à les suivre de rade en rade, à supposer des relâches, à mesurer toutes les sinuosités de leur marche !

Ah ! lorsqu'à l'instant de notre séparation au Kamtschatka, les officiers de nos frégates me serrèrent tristement dans leurs bras comme un enfant perdu, qui m'eût dit que je devois le premier revoir ma patrie ! qui m'eût dit que plusieurs d'entr'eux n'y reviendroient jamais, & que dans peu je verserois des larmes sur leur sort !

En effet, à peine je jouissois du succès de ma mission & des embrassemens de ma famille, que le bruit de nos désastres dans l'archipel des navigateurs, est venu remplir mon ame d'amertume & d'affliction. Il n'est plus, ce brave & loyal marin [*], l'ami, le compagnon de notre commandant, cet homme que j'aimois & respectois comme mon père ; il n'est plus, & ma plume se refuse à retracer sa fin déplorable ! mais ma

_____
[*] M. le vicomte de Langle.

Avertissement. vij

reconnoissance se plaît à répéter que le souvenir de ses vertus & de ses bontés vivra éternellement en moi.

Ô lecteur, qui que tu sois, pardonne à ma douleur cet épanchement involontaire ! si tu as pu connoître celui que je pleure, tu mêleras tes regrets aux miens ; comme moi, tu demanderas au ciel, pour notre consolation, pour la gloire de la France, qu'il nous ramène bientôt & le chef de l'expédition, & ceux de nos courageux argonautes qu'il nous a conservés. Au moment où j'écris, ah ! si un vent favorable poussoit leurs vaisseaux vers nos côtes....! puisse-t-il être exaucé ce vœu de mon cœur ! puisse le jour de la publication de cet ouvrage, être celui de leur arrivée ! dans l'excès de ma joie, je trouverai toutes les jouissances de l'amour-propre.

Fautes à corriger dans la première Partie.

Page 40, ligne 14, j'eus lieu d'être charmé, *lisez*, je fus charmé.

Page 69, ligne 1.re d'Olkotsk; *lisez*, d'Okotsk.

Page 110, ligne 6, arbes; *lisez*, arbres.

Page 125, ligne 2, de la note, verock; *lisez*; vezock.

Page 132, ligne 13, & dès-lors ils se sont décidés; *lisez*, & se sont décidés.

Page 138, lignes 9 & 10, leur premier atterage; *lisez*, à leur premier atterage.

Page 179, ligne 3, sans les connoître; *lisez*, sans les pratiquer.

Page 189, ligne 10, étincelle de feu; *lisez*, étincelle.

Page 210, ligne 1.re sa monnoie d'or; *lisez*, la monnoie d'or.

Page 240, lignes 17 & 18, avec sa moëlle, crue ou cuite; je la trouvai excellente; *lisez*, avec sa moëlle; crue ou cuite, je la trouvai excellente.

Page 244, ligne dernière, de leurs chefs; *lisez*, de leur chef.

Page 262, indication marginale, sumer; *lisez*, fumer.

JOURNAL

JOURNAL HISTORIQUE

DU VOYAGE

DE M. DE LESSEPS,

DU KAMTSCHATKA EN FRANCE.

INTRODUCTION.

JE compte à peine mon cinquième lustre, & je suis arrivé à l'époque la plus mémorable de ma vie. Quelque longue, quelque heureuse que puisse être la carrière qui me reste à fournir, je doute que je sois destiné à être jamais employé dans une expédition aussi glorieuse que celle qu'achèvent en ce moment les deux frégates Françoises, la Boussole & l'Astrolabe, commandées, la première par M. le comte de la Pérouse, chef de l'expédition; & la seconde, par M. le vicomte de Langle *.

L'intérêt que le bruit de ce voyage autour du monde a excité, fut trop marqué & trop universel, pour que l'on n'attende pas aujourd'hui, avec autant d'impatience que de curiosité, des nouvelles directes de ces illustres navigateurs, que leur patrie & l'Europe entière redemandent aux mers qu'ils parcourent.

Qu'il est flatteur pour moi, après avoir obtenu de M. le comte de la Pérouse l'avantage de le suivre pendant plus de deux ans, de devoir encore à son choix l'honneur d'apporter par terre ses dépêches

---

* Si ma plume étoit digne de ces deux hommes célèbres, faits pour conduire ensemble une grande entreprise avec la plus parfaite harmonie, que de choses n'aurois-je pas à dire de chacun d'eux! mais dès long-temps leurs travaux & l'estime publique les ont mis au-dessus des éloges.

en France ! plus je réfléchis à mon bonheur en recevant cette nouvelle preuve de sa confiance, plus je sens ce qu'exigeroit une pareille mission, & tout ce qui me manque pour la remplir : mais je ne dois sans doute attribuer la préférence qui m'est accordée, qu'à la nécessité de choisir pour ce voyage quelqu'un qui parlât le Russe, & qui eût déjà séjourné dans cet empire.

Depuis le 6 septembre 1787, les frégates du Roi étoient dans le port d'Avatscha, ou Saint-Pierre & Saint-Paul *(a)*, à l'extrémité méridionale de la presqu'île du Kamtschatka. Le 29, j'eus l'ordre de quitter l'Astrolabe ; le même jour, M. le comte de la Pérouse me remit ses dépêches & ses instructions. Son amitié pour moi ne se contenta pas d'avoir pris d'avance les arrangemens les plus tran-

1787, Septembre.
A Saint-Pierre & Saint-Paul.

Le 29.
Je quitte les frégates & reçois mes dépêches.

(a) Ce port est appelé par les Russes *Petropavlofskaia-gaven*.

quillifans pour me faire voyager avec sûreté & économie ; elle le porta encore à me donner en partant, des conseils vraiment paternels, qui resteront éternellement gravés dans mon cœur. M. le vicomte de Langle eut aussi la bonté d'y joindre les siens qui ne m'ont pas été moins utiles.

Qu'il me soit permis de payer ici le juste tribut de ma reconnoissance à ce fidèle compagnon des périls & de la gloire de M. le comte de la Pérouse, & son émule dans tous les cœurs & dans le mien, pour m'avoir servi constamment de père, de conseil & d'ami.

Le soir il me fallut prendre congé de notre commandant & de son digne collégue. Qu'on juge de ce que je souffris lorsque je les reconduisis aux canots qui les attendoient ; je ne pus ni parler, ni les quitter ; ils m'embrasèrent tour-à-tour, & mes larmes ne leur prouvèrent que trop la situation de mon ame. Les officiers, tous mes amis qui étoient à terre, reçurent aussi mes adieux; tous s'attendrirent sur moi, tous firent des vœux pour ma conservation, & me donnèrent les consolations & les secours que l'amitié put leur suggérer. Mes regrets, en m'en séparant, ne peuvent se peindre: on m'arracha de leurs bras, & je me retrouvai dans ceux de M. le colonel Kasloff-Ougrenin, commandant à Okotsk & au Kamtschatka, à qui M. le comte de la Pérouse m'avoit recommandé, plus comme son fils, que comme l'officier chargé de ses dépêches.

1787, Septembre. A Saint-Pierre & Saint-Paul.

Ici commencent mes obligations envers ce commandant Russe. Je connus dès-lors toute l'aménité de son caractère, toujours prêt à rendre service, & dont j'ai eu depuis tant à me louer *(b)*. Il ménagea

Je reste entre les mains de M. Kasloff, commandant Russe.

―――――――――

(b) Après avoir comblé d'honnêtetés toutes les personnes de notre expédition, il avoit encore voulu essayer d'approvisionner nos frégates. Malgré la difficulté de se procurer des bœufs en ce pays, il leur en fournit sept à ses dépens, & jamais il ne fut possible de lui en faire recevoir le prix; il regrettoit de n'avoir pu en donner davantage.

A iij

ma sensibilité avec tout l'art possible : je le vis s'attrister avec moi, de l'éloignement des canots que nous suivîmes longtemps des yeux; & en me ramenant chez lui, il n'épargna rien pour me distraire de mes sombres réflexions. Qui voudroit se rendre compte du vide affreux que j'éprouvai en ce moment, devroit commencer par se supposer à ma place, & laissé seul sur ces bords presque inconnus, à quatre mille lieues de ma patrie : quand bien même je n'eusse pas calculé cette énorme distance, l'aspect aride de ces côtes me présageoit assez ce que j'aurois à souffrir dans ma longue & périlleuse route; mais enfin l'accueil que me firent les habitans, & les honnêtetés sans nombre de M. Kassoff & des autres officiers Russes, me rendirent peu-à-peu moins sensible au départ de mes compatriotes.

Il eut lieu le 30 septembre au matin; les deux frégates appareillèrent avec un vent favorable qui nous les fit perdre de vue dans la même matinée, & qui souffla pendant plusieurs jours de suite. On peut croire que je ne les vis pas partir sans faire, pour tous les officiers & les amis que je laissois à bord, les vœux les plus ardens & les plus sincères; triste & dernier hommage de ma reconnoissance & de mon attachement.

1787, Septembre. A Saint-Pierre & Saint-Paul.

M. le comte de la Pérouse m'avoit recommandé de faire diligence; mais en même temps il m'avoit enjoint, ce que mon inclination me prescrivit aussitôt, de ne quitter sous aucun prétexte M. Kasloff: ce dernier lui avoit promis de me conduire jusqu'à Okotsk, lieu de sa résidence, où il devoit se rendre incessamment. J'avois déjà senti le bonheur d'avoir été remis en si bonnes mains, & je n'hésitai pas à m'abandonner aveuglément aux conseils de ce commandant.

Son intention étoit d'aller attendre à Bolcheretsk que le traînage pût s'établir, & nous donnât les facilités nécessaires pour entreprendre le voyage d'Okotsk. La saison étoit alors trop avancée pour

Impossibilité de me rendre à Okotsk avant l'établissement du traînage.

risquer de se mettre en route par terre, & le trajet par mer n'étoit pas moins dangereux ; d'ailleurs il ne se trouvoit aucun bâtiment dans les deux ports Saint-Pierre & Saint-Paul & Bolcheretsk *(c)*.

Les affaires que M. Kasloff eut à terminer, & les préparatifs de notre départ nous retinrent encore six jours ; ce qui me permit de m'assurer que les frégates du Roi n'étoient plus dans le cas de rentrer. Je profitai de ce retard pour commencer mes observations, & me procurer des renseignemens un peu détaillés sur tout ce qui m'environnoit. Je m'attachai sur-tout à prendre une juste idée de la baie d'Avatscha & du port de Saint-Pierre & Saint-Paul qu'elle renferme.

Le capitaine Cook a fait de cette baie une description fort étendue, dont nous

---

(c) Il paroît que pendant l'été la navigation est assez sûre, & que c'est la seule voie dont profitent les voyageurs pour se rendre à leur destination.

avons reconnu l'exactitude. Il s'y est fait depuis quelques changemens, qui, dit-on, doivent être suivis de beaucoup d'autres, sur-tout quant au port Saint-Pierre & Saint-Paul. En effet, il seroit très-possible que les voyageurs qui y aborderont un jour après nous, croyant ne trouver que cinq à six maisons, soient surpris d'y découvrir une ville entière, bâtie en bois, mais passablement fortifiée.

Tel est du moins le projet, qui, à ce que j'ai su indirectement, a été donné par M. Kasloff son auteur, dont les vues sont aussi grandes qu'utiles au bien du service de sa souveraine. L'exécution de ce plan ne contribuera pas peu à augmenter la célébrité de ce port, déjà renommé par les vaisseaux étrangers qui y abordent, & que le commerce pourroit y rappeler *(d)*.

1787, Octobre.
A Saint-Pierre & Saint-Paul.
Détail sur ce port & sur un projet qui y est relatif.

(d) A en juger même par ce qu'en ont rapporté les premiers navigateurs, il paroît qu'il n'y a point de ports plus commodes dans cette partie de l'Asie; de sorte qu'il seroit à desirer qu'il devînt

Pour bien faisir les dispositions de ce projet & en apprécier l'utilité, il ne faut que se représenter l'étendue & la forme de la baie d'Avatscha, & la position du port en question. Nous en avons déjà

l'entrepôt général du commerce de ces contrées. Cela seroit d'autant plus avantageux, que les vaisseaux qui fréquentent les autres ports, tels que ceux de Bolcheretsk, Nijenei-Kamtschatka, Tiguil, Ingiga, & même Okotsk, sont ordinairement trop heureux quand ils n'y font pas naufrage; c'est pour cela que l'Impératrice a défendu expressément toute navigation passé le 26 septembre.

Mais ce que j'ai appris en même temps vient encore mieux à l'appui de ce que j'avance, & a pu faire naître l'idée de ces nouvelles constructions.

Un bâtiment Anglois, appartenant à M. Lanz négociant à Macao, vint l'année dernière 1786 mouiller au port de Saint-Pierre & Saint-Paul; le capitaine Peters, commandant ce navire, fit aux Russes des propositions de commerce, dont voici les détails. Par son traité avec un marchand Russe nommé *Schelikhoff*, il s'engageoit à faire le commerce dans cette partie des états de l'Impératrice, & demandoit des marchandises pour la valeur de quatre-vingt mille roubles. Il est probable que ces marchandises n'eussent consisté qu'en pelleteries que plusieurs descriptions fidèles *(e)*, qui sont dans les mains de tout le monde; ainsi je me bornerai à ne parler que de ce

1787, Octobre.
A Saint-Pierre & Saint-Paul.

les Anglois comptoient vendre en Chine, d'où ils auroient rapporté en échange des étoffes & autres objets convenables aux Russes. Le négociant Schelikhoff se rendit lui-même à Saint-Pétersbourg, pour y solliciter l'agrément de sa souveraine qu'il obtint; mais pendant qu'il travailloit à se mettre en état de remplir les clauses de son traité, il fut informé que le navire Anglois avoit péri sur les côtes de l'île de Cuivre, en revenant au Kamtschatka, de la partie nord-ouest de l'Amérique ; il y avoit été, selon toute apparence, prendre des fourrures pour commencer sa cargaison qu'il venoit compléter au port Saint-Pierre & Saint-Paul. On sut que deux hommes seulement de son équipage, un Portugais & un Nègre du Bengale s'étoient sauvés, & avoient passé l'hiver dans l'île de Cuivre, d'où un vaisseau Russe les avoit transportés à Nijenei-Kamtschatka : ils nous ont joint à Bolcheretsk, & l'intention de M. Kassoff est de les envoyer à la saison prochaine à Saint-Pétersbourg.

(e) M. le comte de la Pérouse en a détaillé le plan avec autant de soin que tous ceux qui l'ont devancé : on le verra dans la relation de son voyage, qui sera pour le lecteur curieux une nouvelle source d'instruction & de lumières.

qui peut répandre le jour nécessaire sur les idées de M. Kasloff.

On sait que le port de Saint-Pierre & Saint-Paul est situé au nord de l'entrée de la baie d'Avatscha, & se trouve fermé au sud par une langue de terre fort étroite, sur laquelle est bâti l'ostrog *(f)* ou village Kamtschadale. Sur une élévation à l'est dans le fond du port, est placée la maison du commandant *(g)*, chez qui logea M. Kasloff pendant son séjour. Auprès de cette maison, presque sur la même ligne, on voit celle d'un caporal de la garnison, & plus loin en tirant vers le nord, celle du sergent, lesquels sont,

―――――

(f) Le mot *ostrog* signifie proprement une enceinte de construction palissadée. On pourroit, je crois, tirer son étymologie des retranchemens que les Russes construisoient à la hâte, pour se mettre à couvert des incursions des indigènes, qui sans doute souffroient impatiemment qu'on envahît leur pays. Le nom d'ostrog est donné à présent à presque tous les villages de ces contrées.

(g) Ce commandant nommé *Khabaroff* étoit alors un *préporchik*, ou enseigne.

après le commandant, les seules personnes un peu distinguées qu'on puisse citer en cette place, si tant est qu'elle mérite ce nom. Vis-à-vis l'entrée du port, sur le penchant de la hauteur, d'où l'on découvre un lac d'une étendue considérable, on rencontre aujourd'hui les ruines de l'hôpital, dont il est parlé dans le voyage du capitaine Cook *(h)*. Au-dessous de ces

---

(h) C'est à quelque distance de cet endroit que fut enterré au pied d'un arbre le capitaine Clerke. L'inscription que les Anglois ont laissée sur sa tombe, étoit sur bois & susceptible de s'effacer. M. le comte de la Pérouse voulant que le nom de ce navigateur parvînt à l'immortalité, sans rien craindre des injures du temps, fit remplacer cette inscription par une autre sur cuivre.

Il n'est pas inutile de rapporter ici que notre commandant s'informa en même temps de l'endroit où avoit été inhumé le fameux astronome François, de l'Isle de la Croyère. Il pria M. Kasloff de donner des ordres pour qu'on élevât en ce lieu un tombeau, & qu'on y mît une épitaphe qu'il laissa gravée sur cuivre, contenant l'éloge & les détails de la mort de notre compatriote. Ses intentions furent exécutées sous mes yeux, après le départ des frégates Françoises.

ruines, plus près du rivage, on a construit un bâtiment qui sert de magasin ou d'espèce d'arsenal à la garnison, & qui est constamment gardé par un factionnaire. Voilà en abrégé l'état dans lequel nous avons trouvé le port de Saint-Pierre & Saint-Paul.

Mais par les augmentations proposées, il est évident qu'il deviendroit une place intéressante. L'entrée du port seroit fermée ou au moins flanquée par les fortifications; elles serviroient en outre à couvrir de ce côté la ville projetée, qui seroit bâtie, en grande partie, sur l'emplacement de l'ancien hôpital, c'est-à-dire, entre le port & le lac qu'on découvre sur la hauteur. On poseroit pareillement une batterie sur la langue de terre qui sépare ce lac de la baie d'Avatscha, afin de protéger cette autre partie de la ville. Enfin, suivant le même projet, l'entrée de cette baie seroit défendue par une batterie assez forte sur l'endroit le moins élevé de sa rive gauche; & les vaisseaux entrant dans la baie ne pourroient fe fouftraire à la portée du canon, attendu les brifans qui fe rencontrent le long de la rive droite. On y voit aujourd'hui fur la pointe d'un rocher, une batterie de fix ou huit canons, qui a fait feu pour faluer nos frégates.

Je n'ai pas befoin de dire qu'il entreroit encore dans ce plan d'augmenter la garnifon, qui n'eft actuellement que de quarante foldats ou Cofaques. Ils vivent & font habillés comme les Kamtfchadales; feulement ils portent un fabre, un fufil & la giberne lorfqu'ils font de fervice; fans cela, on ne pourroit les diftinguer des indigènes qu'à leurs traits & à leur idiome.

Quant au village Kamtfchadale, qui fait une grande partie de la place, telle qu'elle eft en ce moment, & fe trouve, ainfi que je l'ai dit, fur la langue de terre qui ferme l'entrée du port, il n'eft compofé que d'environ trente à quarante habitations, tant d'hiver que d'été, appelées *isbas* & *balagans*; & l'on ne compte dans toute la place, en comprenant même la garnison, que cent habitans au plus, tant hommes, que femmes & enfans. Par le projet ci-dessus, on voudroit en porter le nombre à plus de quatre cents.

A ces détails sur le port de Saint-Pierre & Saint-Paul, & sur les ouvrages dont on doit s'occuper pour son embellissement, j'ajouterai quelques notes que j'y pris sur la nature du sol, le climat & les rivières.

Les bords de la baie d'Avatscha m'ont paru hérissés de hautes montagnes, dont quelques-unes sont couvertes de bois, & d'autres volcaniques *(i)*. Les vallées

---

(i). Il se trouve à quinze ou vingt verstes du port un volcan, que les naturalistes de l'expédition de M. le comte de la Pérouse ont visité, & dont il sera parlé dans le voyage de ce commandant. Les gens du pays m'ont dit qu'il en sort de la fumée de temps en temps; mais que l'éruption, qui autrefois étoit très-fréquente, n'avoit pas eu lieu depuis plusieurs années.

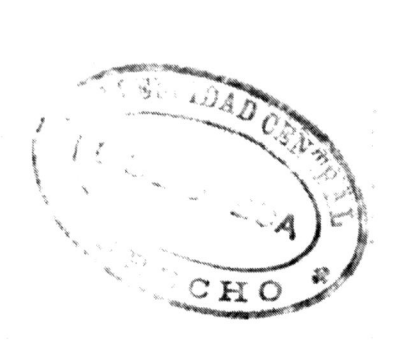

ROUTE de M. Lesseps
Consul de France

présentent une végétation qui m'a étonné. L'herbe y étoit presque de la hauteur d'un homme ; & les fleurs champêtres, telles que des roses sauvages & autres qui s'y trouvoient mêlées, répandoient au loin l'exhalaison la plus suave.

Il tombe ordinairement de grandes pluies pendant le printemps & l'automne, & les coups de vent se font fréquemment sentir dans cette dernière saison & dans l'hiver ; celui-ci est quelquefois pluvieux, mais, malgré sa longueur, on assure qu'il n'est pas si extraordinairement rigoureux, du moins dans cette partie méridionale du Kamtschatka *(k)*. La neige commence

---

(k) Le froid excessif dont se plaignent les Anglois, peut n'être pas sans exemple, & je ne prétends point les contredire ; mais ce qui prouveroit que la rigueur du climat n'est pourtant pas si cruelle, c'est que les habitans qu'ils nous représentent n'osant sortir de tout l'hiver de leurs habitations souterraines ou *yourtes*, dans la crainte d'être gelés, n'en construisent plus aujourd'hui dans cette partie méridionale de la presqu'île, ainsi que j'aurai occasion de le dire. Je conviendrai cependant que

1787, Octobre.

A Saint-Pierre & Saint-Paul.

à prendre pied en octobre, & le dégel n'a lieu qu'en avril ou mai; mais en juillet même, on en voit tomber sur le sommet des hautes montagnes, & sur-tout des volcans. L'été est assez beau; les plus fortes chaleurs ne durent guère que le temps du solstice. Le tonnerre s'y fait rarement entendre, & ne fait jamais de ravages. Telle est la température qui règne à peu-près dans tous les environs de cette partie de la presqu'île.

Rivières ayant leur embouchure dans la baie d'Avatscha.

Deux rivières ont leur embouchure dans la baie d'Avatscha, savoir, celle qui donne le nom à la baie & celle de Paratounka. Elles sont l'une & l'autre très-

---

le froid que j'y ai éprouvé pendant mon séjour, & qui peut se comparer à celui de l'hiver de 1779, m'a paru le même que celui qui se fait sentir à Saint-Pétersbourg : mais ce que les Anglois ont eu grande raison de trouver extraordinaire, ce sont les terribles ouragans, qui amènent des bouffées de neige si épaisse & si abondante, qu'il est alors impossible de sortir ni d'avancer, si l'on est en route; cela m'est arrivé plus d'une fois, comme on le verra dans la suite.

poissonneuses; on y trouve de plus toutes sortes d'oiseaux aquatiques, & si sauvages qu'il est impossible de les approcher même à cinquante pas. La navigation dans ces rivières est impraticable au 26 novembre, attendu qu'elles sont toujours prises à cette époque; & dans le fort de l'hiver, la baie même est couverte de glaçons, que les vents du large empêchent de sortir; mais dès que ceux de terre viennent à souffler, elle s'en dégage entièrement. Le port de Saint-Pierre & Saint-Paul se trouve pour l'ordinaire fermé par les glaces dans le mois de janvier.

Je devrois sans doute parler ici des mœurs & du costume des Kamtschadales, faire connoître leurs maisons ou plutôt leurs cabanes qu'ils nomment *isbas* ou *balagans;* mais je remets à traiter ces objets à mon arrivée à Bolcheretsk, où j'aurai, j'espère, plus de loisir & plus de moyens pour les décrire en détail.

Nous partîmes de Saint-Pierre & Saint-

1787,
Octobre.

Départ de Saint-Pierre & Saint-Paul.

Paul le 7 octobre, M. Kasloff *(l)*, Mrs Schmaleff *(m)*, Vorokhoff *(n)*, Ivaschkin *(o)*, moi & la suite du commandant,

(l) M. Kasloff-Ougrenin est, comme je l'ai déjà dit, commandant à Okotsk & au Kamtschatka; il est subordonné au gouverneur général résidant à Irkoutsk.

(m) M. Schmaleff est capitaine-inspecteur pour les Kamtschadales, ou en Russe, *capitan-ispravnik* dans le département du Kamtschatka; c'est le même dont les Anglois eurent tant à se louer, & les bons offices qu'il nous a rendus ne sauroient également se compter.

(n) M. Vorokhoff, secrétaire du commandant; il est employé dans les affaires civiles, & a rang d'officier.

(o) M. Ivaschkin est cet infortuné gentilhomme dont parlent les Anglois, & qui mérite à tous égards l'éloge qu'ils en font. Le seul récit de ses malheurs suffit pour inspirer de la compassion à tout lecteur; mais il faut l'avoir vu & suivi, pour juger du degré d'intérêt qu'on doit prendre à son sort.

Il n'avoit pas encore vingt ans que l'impératrice Élisabeth le fit sergent de sa garde de Préobrajenskoi. Il jouissoit déjà d'un certain crédit à la cour, & le libre accès que sa place lui donnoit auprès de sa souveraine, ouvroit à son ambition la plus brillante carrière, lorsque tout-à-coup non-seulement il fut composée de quatre sergens ou bas-officiers & d'un pareil nombre de soldats.

disgracié, & se vit enlever toutes les espérances flatteuses dont il avoit pu se bercer, mais encore il eut la douleur d'être traité comme les plus grands criminels; il reçut le knout, dernier supplice & le plus infamant en Russie, eut les narines arrachées, & fut en outre exilé pour la vie au Kamtschatka.

On sait, par ce qu'en ont rapporté les Anglois, tout ce qu'il a eu à souffrir pendant plus de vingt ans de la rigueur extrême dont on usa à son égard ; on la porta jusqu'à lui refuser les premiers alimens. Il eût péri sans doute de faim & de misère, ou auroit succombé à son désespoir, si la force de son ame & celle de son tempérament ne l'eussent soutenu. La nécessité de pourvoir lui-même à sa subsistance le força, non sans dégoût, à se naturaliser parmi les Kamtschadales, & à adopter entièrement leur manière de vivre ; il est vêtu comme eux, & trouve dans sa chasse & dans sa pêche de quoi fournir à ses besoins assez abondamment pour qu'en vendant son superflu, il obtienne encore quelques adoucissemens à sa triste existence. Il réside à l'ostrog de Verckneï-Kamtschatka, ou Kamtschatka supérieur. On ignore parmi les Russes, la cause d'une punition si sévère ; on est tenté de l'attribuer à un mal-entendu, ou à quelques paroles indiscrètes, car on ne peut se résoudre à lui supposer un crime. Il paroîtroit qu'on est revenu de la prétendue énormité

L'officier-commandant du port, probablement par honneur pour M. Kafloff fon fupérieur, fe joignit à notre petite

de fon délit; on a voulu depuis peu changer le lieu de fon exil, & on lui a propofé d'aller demeurer à Yakoutsk, cette ville offrant plus de reffources, tant pour l'utilité que pour l'agrément : mais ce malheureux profcrit, qui peut avoir aujourd'hui foixante à foixante-cinq ans, a refufé de profiter de cette permiffion, ne voulant pas, a-t-il dit, aller mettre en fpectacle les marques hideufes de fon déshonneur, ni avoir à rougir une feconde fois du fupplice affreux qu'il a fubi. Il a mieux aimé continuer de vivre avec fes Kamtfchadales, n'ayant plus à defirer que de paffer paifiblement le peu de jours qui lui reftent au milieu de ceux qui connoiffent fon honnêteté, & de pouvoir emporter en mourant, l'eftime & l'amitié générales dont il jouit à fi jufte titre.

M. le comte de la Péroufe, d'après la relation des Anglois, témoigna le defir de voir cet infortuné, qui lui infpira, dès le premier moment, le plus vif intérêt; il le reçut à fon bord & à fa table : l'humanité de notre commandant ne fe borna pas à compatir à fes maux; elle s'occupa encore des moyens de les adoucir, en lui laiffant tout ce qui pouvoit lui rappeler notre féjour, & lui prouver que les Anglois ne font pas les feuls étrangers que fon trifte fort ait intéreffés.

troupe, & nous nous embarquames fur des baidars (p) pour traverfer la baie & nous rendre à Paratounka, où nous devions trouver des chevaux pour continuer notre route.

Nous arrivames en cinq ou fix heures à cet oftrog, où demeure le prêtre (q) ou curé du diftrict dont l'églife eft encore en ce lieu (r): fa maifon nous fervit de gîte; & nous y fumes reçus à merveille; mais à peine y étions-nous entrés, que la pluie tomba en fi grande abondance

1787, Octobre.

Arrivée & féjour à Paratounka.

(p) Les *baidars* font des canots faits à peu-près comme les nôtres, fi ce n'eft que les bordages font faits de planches larges de quatre, cinq à fix pouces, & qu'ils font joints les uns aux autres avec des liens de branches de faule ou de cordes; on les calfate avec de la mouffe. Les baidars font les feuls bâtimens qui fervent à la navigation pour fe rendre aux îles Kouriles; ils vont ordinairement à la rame, on peut cependant y adapter une voile.

(q) Il fe nomme *Féodor Verefchaguin;* il a fuccédé à fon frère aîné Romanoff-Verefchaguin, qui eut tant de bons procédés pour le capitaine Clerke, & que j'ai trouvé depuis à Bolcheretsk.

(r) Son prédéceffeur avoit annoncé aux Anglois,

B iv

1787, Octobre.
A Paratounka.

qu'elle nous força de séjourner plus long-temps que nous ne voulions.

Je saisis avec empressement ce rapide intervalle pour décrire ici quelques-uns des objets que j'ai remis à traiter à mon arrivée à Bolcheretsk, où j'en trouverai d'autres peut-être qui ne seront pas moins intéressans.

Description de cet ostrog.

L'ostrog de Paratounka est situé au bord de la rivière de ce nom, à deux lieues environ de son embouchure *(f)*. Ce village n'est guère plus peuplé que celui

---

que cette paroisse devoit être incessamment transférée à l'ostrog de Saint-Pierre & Saint-Paul ; mais ce déplacement ne doit s'effectuer qu'à l'exécution du projet relatif au port. Il est bon d'observer ici que les Anglois ont omis de dire qu'il existoit autrefois une église à Saint-Pierre & Saint-Paul, & qu'on en retrouve l'emplacement indiqué par une espèce de tombe qui en faisoit partie.

(f) Cette rivière se jette, comme je l'ai dit, dans la baie d'Avatscha : les bancs qui s'y trouvent à sec, à basse mer, rendent son entrée impraticable ; elle est même très-difficile lors de la pleine mer.

de Saint-Pierre & Saint-Paul. La petite vérole a fait, en cet endroit principalement, des ravages effroyables. Le nombre de balagans & d'isbas que j'y ai vus, m'a également paru à peu-près le même qu'à Petropavlofska *(t)*.

Les Kamtschadales logent l'été dans les premiers, & se retirent l'hiver dans les derniers. Comme on veut les amener insensiblement à se rapprocher davantage des paysans Russes, & à se loger d'une manière plus saine, il a été défendu dans cette partie méridionale du Kamtschatka, de construire désormais des yourtes ou demeures souterraines; elles y sont toutes

1787. Octobre. A Paratounka.

Habitations des Kamtschadales.

(t) En m'arrêtant devant ces maisons Kamtschadales, je me suis peint quelquefois à leur aspect, la surprise dédaigneuse de nos sybarites François, les uns si fiers de leurs vastes hôtels, les autres si jaloux de leurs petits appartemens si jolis, si décorés, où l'art des distributions ne le cède qu'au luxe recherché des meubles; je croyois les entendre s'écrier: Comment des humains peuvent-ils habiter ces misérables cahutes! cependant un Kamtschadale ne se trouve point malheureux sous

détruites à préfent *(u)*, & l'on n'en trouve plus que quelques veftiges dont l'intérieur eft comblé, & qui m'ont repréfenté au dehors le faîte élargi de nos glacières.

Description des balagans.

Les balagans s'élèvent au-deffus du fol fur plufieurs poteaux plantés à d'égales diftances, & de la hauteur de douze à treize pieds. Cette agrefte colonnade foutient en l'air une plate-forme faite de foliveaux emboîtés les uns dans les autres, & revêtus de terre glaifeufe : cette plateforme fert de plancher à tout l'édifice, qui confifte en un comble de forme conique, couvert d'une forte de chaume ou d'herbe féchée, étendue fur de longues

---

ces cabanes dont l'architecture paroît remonter au premier âge du monde ; il y vit tranquille avec fa famille ; il jouit au moins du bonheur de connoître peu de privations, par-là même qu'il fe crée moins de befoins, & qu'il n'a point fous les yeux d'objets de comparaifon.

(u) J'en ai revues quelque temps après dans la partie feptentrionale, & j'ai pu en prendre une idée plus exacte que j'ai eu foin de noter.

perches qui se réunissent au sommet, & qui portent sur plusieurs traverses. Ce comble est à la fois le premier & le dernier étage; il forme tout l'appartement, c'est-à-dire une chambre : un trou pratiqué dans le toit ouvre un passage à la fumée, lorsque le feu s'allume pour préparer les alimens; cette cuisine s'établit alors au milieu de la chambre où ils mangent, se couchent & dorment pêle-mêle sans le moindre dégoût ni aucun scrupule. Dans ces appartemens, il n'est pas question de fenêtres; on n'y trouve qu'une porte si basse & si étroite, qu'elle donne à peine entrée au jour. L'escalier est digne de la maison; c'est une poutre, ou plutôt un arbre entaillé très-grossièrement, dont un bout pose à terre & l'autre est élevé à la hauteur du plancher; il arrive à l'angle de la porte, au niveau d'une espèce de galerie découverte qui se trouve en avant: cet arbre a conservé sa rondeur, & présente sur un côté de sa superficie ce que je ne saurois appeler des marches, vu qu'elles font si incommodes que j'ai pensé plus d'une fois m'y rompre le cou. En effet lorsque cette maudite échelle vient à tourner sous les pieds de ceux qui n'y sont pas habitués, il leur est impossible de garder l'équilibre; il faut qu'ils tombent à terre, & ils risquent plus ou moins, en raison de la hauteur. Veut-on annoncer au dehors que personne n'est au logis? on ne prend d'autre soin que de retourner l'escalier, les marches en dessous.

Un motif de convenance peut avoir donné à ces peuples l'idée de se construire ces demeures bizarres; leur genre de vie les leur rend nécessaires & commodes. Leur principal aliment étant le poisson sec, qui fait aussi la nourriture de leurs chiens, il leur faut pour le faire sécher, ainsi que leurs autres provisions pour l'hiver, un emplacement à l'abri du soleil, & cependant où l'air entre de toutes parts; ils le trouvent sous cette colonnade ou vestibule rustique, qui fait la partie inférieure des balagans ; c'est-là qu'ils pendent leur poisson au plancher, ou à des endroits aussi élevés, pour le soustraire à la voracité des chiens, qui sont constamment affamés pour le bien du service. Ces chiens servent au traînage chez les Kamtschadales; les meilleurs *(x)*, c'est-à-dire, les plus méchans, n'ont d'autre écurie que cette manière de portique dont je viens de parler; ils y sont attachés aux colonnes ou poteaux qui servent de supports au bâtiment. Voilà, ce me semble, tout ce qui peut rendre utile la forme de construction qu'ils ont adoptée pour leurs balagans ou habitations d'été.

Celles d'hiver sont moins singulières; si elles étoient aussi grandes, elles ressembleroient parfaitement aux maisons des paysans Russes : celles-ci ont été tant de fois décrites, que tout le monde peut connoître à peu-près comment elles sont

---

(x) Comme je ferai incessamment dans le cas d'en essayer, je me réserve à les faire connoître à ce moment.

bâties & diſtribuées. On ſait que ces iſbas ſont tous en bois, c'eſt-à-dire, que ce ſont de longs arbres couchés horizontalement les uns ſur les autres qui en font les murs, dont les vides ſont remplis avec de la mouſſe. Leur toit a la pente de nos chaumières; il eſt revêtu d'une herbe groſſière ou de joncs, & ſouvent de planches. Deux chambres partagent l'intérieur, & un ſeul poêle commun par ſa poſition, chauffe ces deux pièces; il ſert auſſi de cheminée pour la cuiſine. Aux deux côtés de la plus grande de ces chambres, ſont placés à demeure, de larges bancs, & parfois un méchant grabat fait de planches & couvert de peau d'ours : c'eſt-là le lit des chefs de la famille; & les femmes qui, dans ces contrées ſauvages, ſont eſclaves de leurs maris & font les plus gros ouvrages, ſe trouvent trop heureuſes quand elles peuvent s'y repoſer.

Outre ces bancs & ce lit, on y voit encore une table & grand nombre d'images de différens ſaints, dont les Kamtſchadales font auſſi jaloux de garnir leurs chambres, que la plupart de nos célèbres connoiſſeurs le ſont d'étaler leurs magnifiques tableaux.

On peut juger que les fenêtres n'en ſont ni larges ni hautes: les carreaux ſont de peaux de ſaumons ou de veſſies de différens animaux; ou de gorges de loups marins préparées, quelquefois même de feuilles de talc, ce qui eſt très-rare & annonce une ſorte d'opulence. Ces peaux de poiſſons ſont tellement raclées & apprêtées, qu'elles ſont diaphanes, & donnent un peu de jour à la chambre *(y)*; mais il s'en faut qu'on puiſſe au travers diſtinguer les objets. Les feuilles de talc ſont plus claires & approchent davantage du verre; cependant elles ne ſont point aſſez tranſparentes pour que de dehors on puiſſe voir ce qui ſe paſſe en dedans: on doit ſentir que ce n'eſt point un

---

(y) Cela produit le même effet que le papier huilé des fenêtres de nos manufactures.

inconvénient pour des maisons aussi basses.

Chaque ostrog Kamtschadale est présidé par un chef, appelé *toyon*; cette espèce de magistrat est choisi parmi les naturels du pays, à la pluralité des voix: les Russes leur conservent ce privilége, mais ils les obligent à faire approuver l'élection par la juridiction de la province. Ce toyon n'est donc lui-même qu'un paysan, comme ceux qu'il juge & préside; il n'a aucune marque distinctive, & fait les mêmes ouvrages que ses subalternes; il est spécialement chargé de veiller à la police & à l'exécution des ordres du gouvernement. Il a de plus, sous les siens, un autre Kamtschadale à son choix, pour l'aider ou le suppléer dans l'exercice de ses fonctions. Ce vice-toyon s'appelle *yesaoul*, titre Cosaque que les Kamtschadales ont adopté depuis l'arrivée des Cosaques dans leur péninsule, & qui, chez ces derniers, signifie second chef de leur bande, ou de leur horde. Il faut ajouter

ajouter que lorsque la conduite de ces chefs est reconnue vicieuse, ou provoque les plaintes de leurs inférieurs, les officiers Russes préposés pour les recevoir, ou les autres tribunaux établis par le gouvernement, démettent aussitôt ces toyons de leurs charges, & en nomment d'autres plus agréables aux Kamtschadales qui ont le droit de les proposer.

1787, Octobre. A Paratounka.

La pluie ayant continué, nous ne pûmes encore nous remettre en route; mais ma curiosité me porta à prendre un moment dans la journée pour me promener dans l'ostrog de Paratounka, & pour visiter un peu ses environs.

Le 8.

Mes pas se tournèrent d'abord vers l'église, que je trouvai bâtie en bois, & décorée dans le goût de celles des villages Russes; j'y remarquai les armes du capitaine Clerke, peintes par M. Webber, & l'inscription angloise sur la mort de ce digne successeur du capitaine Cook; elle indique aussi le lieu de sa sépulture à Saint-Pierre & Saint-Paul.

Notes sur l'église & les environs de Paratounka.

*Partie I.*ʳᵉ   C

Pendant le séjour des frégates. Françoises dans ce port, j'étois venu une fois à Paratounka, dans une partie de chasse avec M. le vicomte de Langle; à notre retour, il me parla de plusieurs autres objets intéressans qu'il avoit observés dans cette église, lesquels m'avoient absolument échappés. C'étoient, autant que je crois m'en rappeler, diverses offrandes qu'y avoient déposées, me dit-il, quelques anciens navigateurs naufragés. Je m'étois bien promis de les examiner à ma seconde tournée dans cette paroisse; mais soit que ma mémoire m'ait mal servi, ou que j'aie mis dans cette recherche trop de précipitation, n'ayant eu que peu de temps à y donner, je ne pus rien découvrir.

Le village est environné d'un bois; je le traversai en côtoyant la rivière, & je parvins à découvrir une plaine très-vaste, laquelle s'étend au nord & à l'est jusqu'aux montagnes de Pétropavlofska. Cette chaîne est terminée au sud & à l'ouest par celle dont le mont de Paratounka fait partie, & qui n'eſt éloignée que de cinq à ſix verſtes *(z)* de l'oſtrog ou village de ce nom. On trouve fréquemment ſur les bords des rivières qui ſerpentent dans cette plaine, des traces récentes des ours qui y deſcendent pour prendre & manger le poiſſon dont elles abondent. Les habitans aſſurent en avoir vû quelquefois juſqu'à quinze & dix-huit raſſemblés ſur ces rivages; auſſi ſont-ils certains, lorſqu'ils vont les chaſſer, d'en rapporter, dans l'eſpace de vingt-quatre heures, au moins un ou deux. J'aurai occaſion de parler bientôt de leurs chaſſes & de leurs armes.

Nous quittâmes Paratounka, & reprîmes notre route; une vingtaine de chevaux ſuffit pour nous & notre bagage qui n'étoit pas conſidérable, M. Kaſloff ayant eu la précaution d'en envoyer une grande partie par eau juſqu'à l'oſtrog de Koriaki.

(z) La *verſte* eſt actuellement de cinq cents ſagènes ou toiſes.

La rivière d'Avatſcha ne remonte & n'eſt navigable que juſqu'à cet oſtrog, encore eſt-on obligé de faire uſage de petits bateaux appelés *batts*. Les baidars ne ſervant que pour traverſer la baie d'Avatſcha, & ne pouvant aller que juſqu'à l'embouchure de la rivière de ce nom, ils y tranſbordent leurs chargemens ſur ces batts ou pirogues que le peu de profondeur & la rapidité de la rivière forcent de conduire avec des perches. C'eſt ainſi que nos effets arrivèrent à Koriaki.

Pour nous, après avoir traverſé à gué la rivière de Paratounka, & en avoir côtoyé quelques bras, nous les laiſsâmes, pour prendre des chemins boiſés & moins plats, mais plus faciles; nous voyageâmes preſque toujours dans des vallons, & nous n'eûmes que deux montagnes à gravir. Nos chevaux, malgré leur charge, firent ce trajet fort leſtement, enfin nous n'eûmes pas un inſtant, dans toute notre marche, à nous plaindre du temps; il fut ſi beau, que je commençois à croire qu'on m'avoit peut-être exagéré la rigueur du climat: mais peu de temps après, l'expérience ne me confirma que trop ce qu'on m'avoit dit, & dans la suite de mon voyage, j'eus tout lieu de m'accoutumer aux frimats les plus pénétrans; trop heureux, lorsqu'au milieu des glaces & des neiges, je n'eus pas encore à lutter contre la violence des tourbillons & des tempêtes.

Nous mîmes environ six à sept heures pour nous rendre à l'ostrog de Koriaki, éloigné de celui de Paratounka, suivant que j'ai pu en juger, de trente-huit à quarante verstes. A peine arrivés, il fallut courir nous réfugier dans la maison du toyon, pour nous mettre à couvert de la pluie; celui-ci céda son isba à M. Kasloff, & nous y passâmes la nuit.

L'ostrog de Koriaki est situé au milieu d'un bois taillis, & sur le bord de la rivière d'Avatscha, qui se rétrécit beaucoup en cet endroit; cinq ou six isbas & le double ou le triple au plus de balagans, composent ce village qui ressemble à celui de Paratounka, si ce n'est qu'il est moins grand, & qu'il n'a point de paroisse. J'observerai qu'en général les ostrogs aussi peu considérables n'ont pas d'église.

Le 10. Départ de Koriaki. Le lendemain nous remontâmes à cheval & prîmes la route de Natchikin, autre ostrog sur la route de Bolcheretsk; nous devions nous arrêter quelques jours dans ses environs, afin de profiter des bains que M. Kasloff y a fait construire à ses frais, pour l'utilité & l'agrément de tous les habitans, sur des sources chaudes qu'on y rencontre, & que je ne tarderai pas à faire connoître. Le chemin de Koriaki à Natchikin est assez commode, & nous traversâmes, sans difficultés, tous les petits ruisseaux ou sources qui descendent des montagnes au pied desquelles nous passâmes. Aux trois quarts du chemin, nous trouvâmes la Bolchaïa-reka *(a)*; elle me parut, d'après sa largeur

―――――――
(a) Nom qui signifie en Russe, *grande rivière.*

d'environ cinq à six toises en ce lieu, se prolonger beaucoup dans l'est nord-est; nous la côtoyâmes pendant quelque temps, jusqu'à ce que nous vîmes une petite montagne qu'il nous fallut franchir en approchant du village. La pluie qui tomboit très-fort lorsque nous étions partis de Koriaki, avoit cessé peu d'instans après; mais le vent ayant passé au nord-ouest, le ciel devint très-chargé, & nous eûmes de la neige en abondance; elle nous prit à plus des deux tiers de notre route, & dura jusqu'à notre arrivée. J'eus le temps de remarquer que la neige couvroit déjà les montagnes, même les moins hautes, sur lesquelles elle décrivoit une ligne égale à une certaine élévation, & qu'au-dessous elle n'avoit point encore pu prendre pied. Nous passâmes à gué la Bolchaïa-reka, & nous trouvâmes à l'autre bord l'ostrog de Natchikin, où je comptai six ou sept isbas, & une vingtaine de balagans semblables à ceux que j'avois vus: nous n'y séjournâmes point. M. Kasloff ayant jugé à

1787, Octobre.

Arrivée & séjour aux bains de Natchikin.

propos de se rendre sur le champ à ses bains ; ce que je desirois autant par curiosité que par besoin.

La neige avoit percé mes habits, & en traversant la rivière, qui ne laissoit pas d'être profonde, j'avois eu les pieds & les jambes très-mouillés ; il me tardoit donc de pouvoir changer ; mais rendu aux bains, point de bagage, il n'étoit pas arrivé. Nous crûmes nous sécher en allant nous promener sur le champ dans les environs, & reconnoître les objets intéressans que je m'attendois à y trouver. J'eus lieu d'être charmé de tout ce qui frappa mes regards ; mais l'humidité du lieu, jointe à celle qui nous avoit déjà saisis, acheva de nous morfondre, & nous fit abréger notre promenade. A notre retour, nouveau sujet de peine & d'impatience ; impossible à nous de changer ni de nous réchauffer, nous ne trouvâmes point nos équipages : pour surcroît de malheur, l'endroit où nous nous étions retirés, étoit des plus humides, &

quoiqu'il fût assez clos, le vent sembloit y souffler sur nous de toutes parts. M. Kassoff imagina de prendre un bain qui le remit promptement : n'ayant pas osé suivre son exemple, je me vis réduit à attendre l'arrivée de nos équipages ; j'avois été pénétré à un tel point, que je passai la nuit à frissonner.

Aux bains de Natchikin.

Le lendemain, je fis à mon tour l'essai de ces bains, & je puis dire que jamais aucuns ne m'ont fait autant de plaisir, ni autant de bien : mais il faut d'abord indiquer la source de ces eaux thermales, & la disposition du bâtiment où l'on se baigne.

Le 11.

Elles se trouvent à deux verstes au nord de l'ostrog, & à environ cinq à six cents pas du rivage de la Bolchaïa-reka qu'il faut traverser une seconde fois pour arriver aux bains, attendu le coude qu'elle décrit après le village. Une vapeur épaisse & continuelle s'élève au-dessus de ces eaux qui jaillissent en bouillonnant d'une montagne peu escarpée, à trois cents pas à l'est de l'endroit où sont situés les bains. Dans

Description des sources chaudes de Natchikin.

leur chute, dont la direction est Est & ouest, elles forment un petit ruisseau d'un pied & demi de profondeur, & de six à sept pieds de largeur. A une courte distance de la Bolchaïa-reka, ce ruisseau en rencontre un autre avec lequel il va se jeter dans cette rivière, à environ huit à neuf cents pas de la source de ces eaux thermales, où elles sont si chaudes, qu'il est impossible d'y tenir la main une demi-minute.

M. Kasloff a eu soin de choisir, pour établir ses bains, l'endroit le plus commode, & celui où la température de l'eau se trouve la plus douce ; c'est au milieu du ruisseau qu'il a construit en bois son bâtiment dans la proportion de huit pieds de large sur seize de long. Son intérieur est partagé en deux cabinets, ayant chacun six à sept pieds en carré & autant en hauteur : l'un qui s'avance davantage du côté de la source, & sous lequel l'eau a par conséquent plus de chaleur, est celui où l'on se baigne ; l'autre sert uniquement à la toilette des baigneurs ; ils y trouvent à cet effet de larges bancs au-dessus du niveau de l'eau, & on a laissé dans le milieu un certain espace où l'on peut se laver encore si on le veut. Ce qu'il y a de très-agréable, c'est que la chaleur de l'eau en répand assez dans ce cabinet pour qu'on ne puisse pas s'y refroidir, & qu'elle pénètre tellement le corps, que même hors du bain on la conserve pendant une heure ou deux.

Aux bains de Natchikin.

Nous logeâmes auprès de ces bains, dans deux espèces de granges couvertes d'une manière de chaume, & dont la charpente étoit d'arbres & de branchages. Elles avoient été construites avant notre arrivée, exprès pour nous, & en si peu de temps, que lorsqu'on me le dit, j'eus peine à le concevoir; mais bientôt j'en acquis la conviction par mes yeux. Celle qui étoit au sud du ruisseau, s'étant trouvée trop petite & trop humide, M. Kasloff ordonna d'en bâtir une autre de trois à quatre toises, de l'autre côté où le

Construction de nos demeures auprès de ces bains,

terrain étoit moins marécageux. Ce fut l'affaire d'un jour; le soir elle étoit achevée, quoiqu'on y eût de plus pratiqué un escalier qui facilite la communication de cette grange avec le bâtiment des bains, dont la porte fait face au nord.

Le froid ayant rendu notre demeure insupportable pendant la nuit, M. Kafloff se décida à la quitter quatre jours après notre arrivée. Nous retournâmes au village nous réfugier chez le toyon; mais l'attrait de ces bains nous y ramena chaque jour plutôt deux fois qu'une, & presque jamais nous n'y vînmes fans nous baigner.

Les diverses constructions que M. Kafloff ordonna pour la plus grande commodité de fon établissement, nous retinrent encore deux jours. Ce commandant, animé de l'amour du bien & de l'humanité, jouissoit du plaisir d'avoir procuré à ses pauvres Kamtschadales des bains auffi salubres qu'agréables. Leur peu de lumières, ou peut-être leur insouciance les en eût privés sans son secours, malgré l'extrême confiance qu'ils avoient en ces sources chaudes pour la guérison de bien des maux *(b)*. C'est ce qui fit desirer à M.' Kasloff de connoître la propriété de ces eaux; il me proposa d'en faire avec lui l'analyse, à l'aide d'une instruction qui lui avoit été donnée à cet effet. Mais avant de parler des résultats que nous avons obtenus, je crois nécessaire de transcrire ici cette instruction, pour me rappeler les procédés que nous avons employés.

1787. Octobre. Aux bains de Natchikin.

« Les eaux en général peuvent con-
» tenir :

» 1.° De l'air fixe, & alors elles ont
» un goût piquant & aigrelet, comme une
» limonade sans sucre.

» 2.° Du fer ou du cuivre, & alors
» elles ont un goût astringent & désa-
» gréable, à peu-près comme l'encre.

Instruction pour faire l'analyse de ces eaux thermales.

(b) Ils n'osoient autrefois approcher de ces sources ni d'aucun volcan, dans l'idée que c'étoit le séjour des esprits infernaux.

» 3.° Du soufre ou des vapeurs sul-
» fureuses, & alors elles ont un goût nau-
» séabonde, comme un œuf de poule
» couvé & gâté.

» 4.° Des sels vitrioliques ou marins,
» ou des alkalis.

» 5.° Enfin de la terre. »

Air fixe.

« Pour connoître l'air fixe, le goût
» suffit en partie; mais versez dans l'eau
» de la teinture de tournesol, l'eau prend
» une couleur plus ou moins rouge,
» suivant la quantité d'air fixe qu'elle
» contient. »

Le Fer.

« Le fer se reconnoît par le moyen
» de la noix de Galle & de l'alkali
» phlogistique; la noix de Galle, versée
» sur une eau ferrugineuse, colore cette
» eau en pourpre ou en violet, ou en
» noir; & l'alkali phlogistique versé de
» même, produit sur le champ du bleu
» de Prusse. »

Le Cuivre.

« Le cuivre se reconnoît par le moyen de l'alkali phlogistique & de l'alkali volatil; le premier colore une eau cuivreuse en rouge-brun, & le second en bleu: ce second moyen est plus sûr que le premier, parce que l'alkali volatil ne précipite que le cuivre, & non pas le fer. »

Le Soufre.

« On reconnoît le soufre & les vapeurs sulfureuses, en versant, 1.° de l'acide nitreux sur l'eau: s'il s'y forme un dépôt jaunâtre ou blanchâtre, c'est du soufre, & en même temps l'odeur sulfureuse s'exhale & se dissipe; 2.° en versant quelques gouttes de sublimé corrosif: s'il se forme un précipité blanc, l'eau ne contient que des vapeurs de foie de soufre; & si le précipité est noir, l'eau ne contient que du soufre. »

Sels vitrioliques.

L'eau peut contenir des sels vitrio-

» liques, c'est-à-dire, des sels résultant de
» la combinaison de l'acide vitriolique
» avec de la terre calcaire, du fer, du
» cuivre, ou avec un alkali. On connoît
» la présence de l'acide vitriolique, en
» versant quelques gouttes de dissolution
» de terre pesante; car alors il se forme
» un précipité grenu qui tombe lente-
» ment au fond du vase. »

Sel marin.

« L'eau peut contenir du sel marin, ce
» que l'on reconnoît en versant quelques
» gouttes de dissolution d'argent; il se
» forme sur le champ un précipité blanc,
» épais comme du lait caillé, qui, à la
» longue, devient d'un noir violet. »

Alkali fixe.

« L'eau peut contenir de l'alkali fixe,
» ce que l'on reconnoît en versant quel-
» ques gouttes de dissolution de sublimé
» corrosif; car il se forme alors assez
» promptement un précipité rougeâtre. »

Terre calcaire.

« L'eau peut contenir de la terre calcaire & de la magnésie. Quelques gouttes d'acide de sucre versées sur l'eau, précipitent la terre calcaire en nuages blanchâtres qui tombent ensuite au fond, & déposent une poussière blanche. Enfin quelques gouttes de dissolution de sublimé corrosif, produisent un précipité rougeâtre, mais très-lentement, si l'eau contient de la terre de magnésie. »

« *Nota.* Pour que toutes ces expériences réussissent sûrement & promptement, il faut avoir soin de réduire l'eau qu'on analyse à peu-près à moitié, en la faisant bouillir, excepté cependant le cas où l'eau contiendroit de l'air fixe, parce que cet air s'échapperoit par l'ébullition. »

Après avoir bien étudié l'instruction ci-dessus, nous commençâmes les expériences. Les trois premières n'ayant rien produit, nous jugeâmes que l'eau ne

1787, Octobre.

Aux sources chaudes de Natchikin.

Résultat de nos expériences.

contenoit ni air fixe, ni fer, ni cuivre; mais la combinaison de l'acide nitreux, indiquée pour la quatrième expérience, nous fit voir sur la superficie un léger dépôt blanchâtre & de peu d'étendue, qui nous donna lieu de croire que la quantité de soufre ou de vapeurs sulfureuses étoit infiniment petite.

La cinquième opération nous démontra que l'eau contenoit des sels vitrioliques, ou au moins de l'acide vitriolique combiné avec de la terre calcaire. Nous reconnûmes la présence de cet acide, en versant quelques gouttes de dissolution de terre pesante dans cette eau, qui devint blanche en forme de nuage; & le sédiment qu'elle déposa lentement au fond du vase, nous parut d'un grain très-fin & blanchâtre.

Il nous manquoit de la dissolution d'argent pour faire la sixième expérience, & nous assurer si l'eau ne contenoit pas du sel marin.

La septième nous prouva qu'il n'y avoit point d'alkali fixe.

Nous trouvâmes par la huitième opération, que l'eau contenoit une grande quantité de terre calcaire, mais point de magnésie. Après avoir versé quelques gouttes d'acide de sucre, nous vîmes la terre calcaire se précipiter au fond du vase en nuage & poussière blanchâtres ; nous y mêlâmes ensuite de la dissolution de sublimé corrosif pour chercher la magnésie : mais le précipité, au lieu de devenir rougeâtre, conserva toujours la couleur qu'il avoit auparavant, lorsqu'il n'y avoit que de l'acide de sucre, preuve que l'eau ne contenoit point de magnésie.

1787. Octobre.
Aux sources chaudes de Natchikin.

Nous fîmes usage de cette eau pour le thé & pour notre boisson ordinaire. Ce ne fut qu'après trois à quatre jours que nous nous aperçûmes qu'elle renfermoit quelques parties salines.

M. Kasloff fit aussi bouillir de l'eau prise à la source, jusqu'à ce qu'elle fût totalement évaporée; la terre ou poussière blanchâtre & très-salée, qui resta au fond du vase, l'effet qu'elle produisit physiquement sur nous, tout indique que cette eau contient des sels nitreux.

Nous remarquâmes encore que des pierres prises dans le ruisseau, étoient recouvertes d'une substance calcaire assez épaisse & frisée, qui a fait effervescence avec l'acide vitriolique & l'acide nitreux. Nous en ramassâmes d'autres à l'endroit même où ces eaux paroissoient prendre leur source, & où elles sont le plus chaudes; nous les trouvâmes revêtues d'une couche d'une espèce de métal, si je puis ainsi nommer cette enveloppe dure & compacte qui nous parut de la couleur du cuivre épuré, mais dont nous ne pûmes reconnoître la qualité : ce métal s'offrit ailleurs à nos yeux sous la forme de têtes d'épingles; jamais aucun acide ne put le dissoudre. En fendant ces pierres, nous vîmes que l'intérieur étoit très-tendre & mêlé de graviers. J'observai qu'il y en avoit une grande quantité dans ces sources.

Je dois ajouter ici que nous découprîmes au bord du ruisseau & dans un petit marais mouvant qui l'avoisine, une gomme ou *fucus* particulier, glutineux, & non adhérent à la terre *(a)*.

Telles sont les observations que j'ai tâché de faire sur la nature de ces eaux thermales, en aidant M. Kasloff dans ses expériences & dans ses recherches. Je n'ose me flatter d'avoir réussi à en présenter les résultats d'une manière satisfaisante ; il se pourroit que, par oubli, ou par défaut de lumières, il m'eût échappé quelques erreurs dans le compte que j'ai rendu de nos opérations ; je puis dire cependant que j'y ai donné toute mon attention & tous mes soins. Au surplus, je conviens d'avance que c'est à moi seul qu'il faut imputer tout ce qu'on pourroit y trouver de défectueux.

Pendant le temps que nous passâmes à

(a) M. Kasloff en avoit donné une certaine quantité à M. l'abbé Mongés, pendant le séjour de ce naturaliste de notre expédition à Saint-Pierre & Saint-Paul.

1787,
Octobre.

Aux sources chaudes de Natchikin.

ces bains & à l'oſtrog de Natchikin, nos chevaux avoient tranſporté en différens voyages les effets que nous avions laiſſés à Koriaki; & nous commençâmes à faire les diſpoſitions néceſſaires pour notre départ. Dans cet intervalle, je vis prendre une martre zibeline en vie, d'une façon qui me parut fort ſingulière, & qui peut donner une idée de la chaſſe de ces animaux.

Chaſſe d'une martre zibeline.

A quelque diſtance des bains, M. Kaſſof remarqua une troupe nombreuſe de corbeaux qui voltigeoient preſque ſur un même endroit en raſant la terre. La conſtante direction de leur vol, lui fit ſoupçonner que quelque proie les attiroit. En effet, ces oiſeaux pourſuivoient une martre zibeline : nous l'aperçûmes ſur un bouleau que d'autres corbeaux environnoient; nous eûmes auſſitôt le même deſir de la prendre. La manière d'y réuſſir la plus prompte & la plus ſûre, eût été ſans doute de la tuer à coup de fuſil; mais nous avions renvoyé les nôtres au village où nous devions retourner nous-mêmes, & il ne s'en trouvoit pas un seul à emprunter parmi les personnes qui nous accompagnoient, ni dans les environs. Un Kamtschadale nous tira heureusement d'embarras, en se chargeant d'attraper l'animal ; voici comme il s'y prit : il nous demanda un cordon ; nous ne pûmes lui donner que celui qui attachoit nos cheveux. Pendant qu'il y faisoit un nœud coulant, des chiens dressés à cette chasse, avoient entouré l'arbre : l'animal occupé à les regarder, soit frayeur, soit stupidité naturelle, ne bougeoit pas ; il se contenta d'alonger son cou, lorsqu'on lui présenta le nœud coulant ; deux fois il s'y prit de lui-même, & deux fois ce lacs se défit. A la fin la martre s'étant jetée à terre, les chiens voulurent s'en saisir ; mais bientôt elle sut se débarrasser, & elle s'accrocha avec ses pattes & ses dents au museau d'un des chiens, qui n'eut pas sujet d'être content de cet accueil. Comme

1787,
Octobre.

Aux sources chaudes de Natchikin.

D iv

nous voulions tâcher de prendre l'animal en vie, nous écartâmes les chiens; la martre quitta aussitôt prise, & remonta sur un arbre, où, pour la troisième fois, on lui passa le lacs, qui coula de nouveau; ce ne fut qu'à la quatrième, que le Kamtschadale parvint à la prendre *(b)*. Je n'aurois jamais imaginé qu'un animal qui a l'air aussi rusé, se laissât attraper aussi bêtement, & présentât lui-même la tête au piége qu'il voit qu'on lui tend. Cette facilité de chasser les martres, est d'une grande ressource aux Kamtschadales, obligés de payer leurs tributs en peaux de martres zibelines, ainsi que je l'expliquerai plus bas *(c)*.

On observa, pendant les nuits du 13

(b) M. Kasloff, qui présida à cette chasse, eut la bonté de me faire cadeau de cette martre zibeline, appelée *sobol* dans le pays, & me promit d'en joindre une autre, pour que je pusse en mener un couple en France.

(c) Ces fourrures font non-seulement une branche de commerce considérable, mais encore elles servent en quelque sorte de monnoie à ces peuples.

& du 14, deux phénomènes dans le ciel, dans la partie du nord-ouest. D'après la description qu'on nous en fit, nous jugeâmes que c'étoient des aurores boréales, & nous regrettâmes de n'avoir pas été averti à temps pour les voir. Le ciel avoit été assez beau pendant notre séjour aux bains; cependant la partie de l'ouest avoit presque toujours été chargée de nuages très-épais. Le vent varia de l'ouest au nord-ouest, & nous amena de temps à autre des bouffées de neige qui ne put encore acquérir de solidité, malgré les gelées qu'on ressentit toutes les nuits.

1787. Octobre. Aux sources chaudes de Natchikin.

Notre départ étant fixé au 17 octobre, nous passâmes la journée du 16 dans les embarras qu'entraînent les derniers préparatifs. Nous devions faire le reste de notre voyage jusqu'à Bolcheretsk sur la Bolchaïa-reka. On avoit amarré deux à deux, & l'un contre l'autre, dix petits bateaux qui ne me parurent, à proprement parler, que des arbres creusés en

Le 16. Préparatif pour notre départ.

forme de pirogues; on en fit cinq radeaux pour le transport de nos personnes & d'une partie de nos effets. Il fallut bien se résoudre encore à en laisser le surplus à Natchikin, vu l'impossibilité de charger le tout sur ces radeaux, dont il n'y avoit pas moyen d'augmenter le nombre; car on avoit rassemblé tous les bateaux ou pirogues qui se trouvoient dans ce village, & même on en avoit fait venir de l'ostrog d'Apatchin, où nous allions nous rendre.

Le 17. Départ de Natchikin, & détails sur notre route.

Le 17, à la pointe du jour, nous nous embarquâmes sur ces radeaux. Quatre Kamtschadales, à l'aide de longues perches, dirigeoient nos embarcations; mais le plus souvent ils furent obligés de se mettre à l'eau pour les traîner, la rivière n'ayant en certains endroits qu'un à deux pieds tout au plus de profondeur, & dans d'autres moins de six pouces. Bientôt un de nos radeaux se rompit, c'étoit justement celui qui portoit notre bagage; il fallut tout décharger sur la rive, pour le raccommoder. Nous ne l'attendîmes point, & nous préférâmes de nous en séparer pour continuer notre route. A midi, un autre accident, bien plus triste pour des gens que leur appétit commençoit fort à stimuler, nous força encore de retarder notre marche ; le radeau sur lequel on avoit embarqué notre cuisine, fut tout-à-coup submergé à nos yeux. On conçoit que nous ne vîmes pas avec indifférence la perte dont nous étions menacés ; nous nous empressâmes de sauver, comme nous pûmes, les débris de nos provisions ; & de crainte d'un plus grand malheur, nous prîmes le sage parti de faire halte en cet endroit pour y dîner. Cela nous fit insensiblement oublier notre peur, & nous donna plus de courage pour vider l'eau qui surchargeoit les pirogues, & pour nous remettre en route. Nous n'eûmes pas fait une verste, que nous rencontrâmes deux bateaux qui venoient d'Apatchin pour aider à notre transport. Nous les envoyâmes porter du secours aux radeaux avariés, & remplacer les pirogues qui seroient hors d'état de servir. Comme nous allions toujours en avant, à la tête de toutes les embarcations, nous les perdîmes à la longue entièrement de vue ; mais il ne nous arriva plus rien de fâcheux jusqu'au soir.

J'observai que la Bolchaïa-reka, dans les coudes qu'elle forme continuellement, court à peu-près est-nord-est, & ouest-sud-ouest. Son courant est très-rapide ; il m'a paru pouvoir filer environ cinq à six nœuds par heure ; cependant les pierres & les bas-fonds qu'on y rencontre à chaque instant, nous disputoient tellement le passage, qu'ils rendoient très-pénible le travail de nos conducteurs ; qui les évitoient avec une adresse extrême : mais à mesure que nous approchâmes davantage de l'embouchure de la rivière, je m'aperçus avec plaisir qu'elle devenoit plus large & plus navigable. Je ne fus pas moins surpris de la voir se diviser en je ne sais combien de branches, & se rejoindre enfuite, après avoir arrofé plufieurs petites îles, dont quelques-unes font couvertes de bois. Les arbres font par-tout très-petits & très-fourrés; il s'en trouve auffi un grand nombre qui s'avancent çà & là dans la rivière; ce qui ajoute encore à la difficulté de la navigation, & prouve l'infouciance, je dirai même la pareffe de ces peuples. Il ne leur vient pas en idée d'arracher au moins ces arbres, pour fe frayer un paffage plus facile.

Différentes efpèces d'oifeaux aquatiques, tels que canards, pluviers, goëlands, plongeons & autres, fe plaifent dans cette rivière, dont ils couvrent parfois la furface; mais il eft très-difficile de les approcher, & par conféquent de les tirer. Le gibier ne me parut pas fi commun. Sans les traces d'ours & les poiffons à moitié dévorés, qui s'offroient de tous côtés à nos yeux, j'aurois cru qu'on m'en avoit impofé, ou au moins qu'on avoit exagéré, en me parlant de la quantité de ces animaux qu'on me dit habiter ces campagnes; nous n'en pûmes découvrir aucun; mais nous vîmes beaucoup d'aigles noirs, & d'autres aux ailes blanches, des corbeaux, des pies, quelques perdrix blanches, & une hermine qui se promenoit sur le rivage.

Aux approches de la nuit, M. Kaslof jugea avec raison, qu'il seroit plus prudent de nous arrêter que de continuer notre route, avec la crainte de rencontrer des obstacles pareils à ceux qui pendant le jour avoient embarrassé notre navigation. Comment les surmonter ? nous ne connoissions point la rivière, & le moindre accident peut devenir très-funeste, s'il survient dans l'obscurité de la nuit. D'après ces réflexions, nous décidâmes de mettre à terre sur la rive droite, au bord d'un petit bois, près l'endroit où M. King & sa suite firent halte (d). Un bon feu réchauffa & sécha tout notre monde.

_____

(d) Voyez le troisième voyage de Cook.

M. Kafloff avoit eu la prévoyance de se réserver, sur son embarcation, les moyens d'y placer sa tente; & pendant qu'on la dressoit, ce qui fut fait en un instant, nous eûmes la satisfaction de voir arriver deux radeaux qui étoient restés en arrière. Le plaisir que nous fit cette réunion, la fatigue de la journée, la commodité de la tente, & la précaution que nous avions eue de prendre nos lits avec nous, tout contribua à nous faire passer la meilleure nuit possible.

Le lendemain, notre appareillage se fit sans beaucoup de difficultés, & de très-bonne heure. Nous fûmes en quatre heures à Apatchin; mais nos radeaux ne purent nous conduire jusqu'au village, à cause du peu de profondeur de la rivière en ce lieu. Nous débarquâmes à environ quatre cents pas de l'ostrog, & nous fîmes ce trajet à pied.

Ce village ne me parut pas si considérable que les précédens, c'est-à-dire, qu'il renferme peut-être trois ou quatre

1787. Octobre.

Le 18. Arrivée à Apatchin, & notes sur ce village.

habitations de moins. Il est situé dans une petite plaine qu'arrose une branche de la Bolchaïa-reka; & l'on découvre sur la rive opposée à l'ostrog, une étendue de bois que je jugeai pouvoir être une île formée par les différens bras de cette rivière.

Je sus en passant, que l'ostrog d'Apatchin, ainsi que celui de Natchikin, n'avoient pas toujours été où ils sont aujourd'hui. Ce n'est que depuis quelques années, que les habitans, appelés sans doute par l'attrait du site ou par l'espérance d'une pêche plus abondante & plus facile, ont transporté leurs demeures dans les lieux où je les ai vues. Les nouveaux emplacemens qu'ils ont choisis, sont, à ce qu'on me dit, à environ quatre à cinq verstes des anciens, dont on ne voit plus aucun vestige.

Apatchin ne m'offrit rien d'intéressant. J'en sortis pour aller rejoindre nos radeaux qui avoient passé les bas-fonds, & qui nous attendoient à trois verstes

de

de l'oſtrog, préciſément à l'endroit, où la branche de la Bolchaïa-reka, après s'être promenée à l'entour du village, rentre dans ſon lit. Plus nous deſcendîmes, plus nous la trouvâmes rapide & profonde; de ſorte que rien ne ralentit notre marche juſqu'à Bolcheretsk, où nous arrivâmes à ſept heures du ſoir, ſuivis d'un ſeul de nos radeaux, les autres étant demeurés en arrière.

1787.
Octobre.

A peine débarqué, M. le commandant me conduiſit à ſa maiſon, où il eut l'honnêteté de me donner un logement que j'ai occupé pendant tout le temps de mon ſéjour à Bolcheretsk. Je dois dire qu'il n'eſt ni ſoins ni attentions que je n'aye éprouvés de ſa part. Non-ſeulement il me procura toutes les commodités & tous les agrémens qui étoient en ſon pouvoir, mais encore il me fournit tous les renſeignemens qui pouvoient contribuer à mon inſtruction, & que ſa place lui permettoit de me donner. Sa complaiſance le porta ſouvent à prévenir mes

Arrivée à Bolcheretsk.

desirs & mes questions, & à stimuler ma curiosité, en lui offrant tout ce qu'il jugeoit susceptible de l'intéresser. Ce fut dans cette intention qu'il me proposa presqu'en arrivant, d'aller avec lui à la découverte de la galiote d'Okotsk *(e)*, qui venoit d'échouer désastreusement à peu de distance de Bolcheretsk.

Nous avions appris en partie ce triste événement sur notre route. On nous avoit rapporté que le mauvais temps *(f)* que cette galiote avoit essuyé à son aterrage, l'avoit forcée de mouiller à une lieue de la côte; mais qu'ayant chassé sur ses ancres, le pilote n'avoit pas vu d'autre moyen de

(e) Ce navire est expédié chaque année par ordre du gouvernement, pour le transport de toutes sortes de denrées & autres objets destinés pour l'approvisionnement des habitans de la péninsule.

(f) Le vent étoit en effet grand frais du nord-ouest, & le temps extrèmement couvert: nous ressentîmes une partie de ce coup de vent dans notre route de Natchikin à Bolcheretsk, le lendemain du naufrage de la galiote; mais il fut bien plus violent encore la nuit de notre arrivée.

sauver l'équipage que de se jeter à la côte; qu'en conséquence il avoit coupé les câbles, & que son bâtiment étoit venu s'y briser.

A la première nouvelle, les habitans de Bolcheretsk s'étoient rassemblés à la hâte pour voler au secours de ce navire, & pour essayer de sauver au moins les vivres dont il étoit chargé. M. Kasloff, en arrivant, avoit donné tous les ordres qui lui avoient paru nécessaires; mais peu tranquille sur leur exécution, il se décida bientôt à se rendre lui-même sur les lieux. Il m'invita donc à l'accompagner, ce que j'acceptai avec transport, me faisant un grand plaisir de voir l'embouchure de la Bolchaïa-reka, & le port qu'elle forme en cet endroit.

Nous partîmes à onze heures du matin, sur deux radeaux, dont un (celui qui nous portoit) étoit composé de trois bateaux. Nos conducteurs se servoient de rames, & quelquefois de leurs perches, qui, dans les passages embarrassés & peu profonds, leur aidoient le plus souvent à lutter contre la violence du courant, en retenant l'embarcation qu'il entraînoit & qu'il eût fait échouer immanquablement sans cette manœuvre.

La Bistraïa, autre rivière très-rapide & plus large que la Bolchaïa-reka, se réunit à cette dernière à une demi-verste, & à l'ouest de Bolcheretsk. Elle perd son nom au confluent, pour prendre celui de la Bolchaïa-reka, que cette jonction rend plus considérable, & qui va se jeter ensuite dans la mer, à environ trente verstes de Bolcheretsk.

Hameau de Tchekafki. Nous mîmes pied à terre à sept heures du soir dans un petit hameau appelé *Tchekafki*. Deux isbas, autant de balagans & une yourte presque détruite, sont les seules habitations que j'y trouvai. J'y vis encore une méchante remise en bois, à laquelle on a donné le nom de magasin, parce qu'il appartient à la couronne, & qu'on y transporte d'abord les approvisionnemens dont les galiotes d'Olkotsk *(g)* font chargées. C'est pour la garde de ce magasin qu'a été établi le hameau. Nous passâmes la nuit dans un des deux isbas, résolus à nous rendre le lendemain matin au bâtiment naufragé.

Nous remontâmes au point du jour sur nos radeaux. La mer étoit basse; nous côtoyâmes un banc de sable fort étendu & à sec; il tient à la rive gauche de la Bolchaïa-reka, en la descendant, & ne laisse dans la partie du nord qu'un passage de huit à dix toises en largeur, & de deux sagènes & demie *(h)* de profondeur. Le vent qui souffloit bon frais du nord-ouest, agita tout-à-coup la rivière, & ne nous permit pas de nous risquer dans le chenal. Nos embarcations d'ailleurs étoient si petites, que chaque lame les

---

(g) Lorsque ces galiotes sont forcées d'hiverner, elles se refugient dans l'embouchure d'une rivière étroite & profonde, qui se jette dans la Bolchaïa-reka, à cinquante pas du hameau, en la remontant.

(h) La sagène est une mesure Russe équivalente à la brasse.

remplissoit à moitié; deux hommes travailloient sans relâche à les vider, & ils y suffisoient à peine. Nous prolongeâmes donc tant que nous pûmes ce banc.

Embouchure de la Bolchaïa-reka. Alors nous aperçûmes le mât de la galiote au-dessus d'une langue de terre qui s'avance vers le sud. Ce bâtiment nous sembla à deux verstes dans le sud de l'embouchure de la Bolchaïa-reka. A la pointe de cette terre basse dont je viens de parler, nous découvrîmes le fanal & la cabane de ceux qui le gardent; malheureusement nous ne pûmes voir tout cela que de loin. La direction de la rivière, à l'endroit où elle se jette dans la mer, me parut nord-ouest; elle y présente une ouverture d'environ une demi-verste de largeur. Du côté gauche est donc placé le fanal, & de l'autre se trouve la continuation d'une terre basse que la mer submerge dans les gros temps, & qui s'étend presque jusqu'au hameau de Tchekafki. De ce dernier lieu jusqu'à l'embouchure, la distance est de six à huit verftes. Plus on approche de cette entrée, plus les courans font rapides.

Il n'y avoit pas moyen de pourfuivre notre navigation ; le vent augmentoit toujours, & les vagues groffiffoient de momens en momens. Il eût été de la dernière imprudence de quitter le banc de fable, pour traverfer, par un auffi mauvais temps & fur d'auffi frêles embarcations, un efpace de deux verftes de grande eau, largeur de la baie formée par l'embouchure de la rivière. M. le commandant, qui avoit déjà fait quelques épreuves de mes foibles connoiffances en marine, voulut bien alors me demander mon avis; il fut de virer de bord pour retourner à l'endroit de notre couchée; ce qui fut fait auffitôt. Nous eûmes grandement à nous louer de notre prévoyance; à peine fûmes-nous arrivés à Tchekafki, que le temps devint affreux.

Je m'en confolai en penfant que j'avois au moins rempli mon but, qui étoit de voir cette entrée de la Bolchaïa-reka. J'ofe

1787.
Octobre.

Notes fur l'embouchure de la Bolchaïa-reka,

assurer qu'elle est d'un abord très-dangereux & impraticable à des vaisseaux de cent cinquante tonneaux. Les naufrages des bâtimens Russes sont trop fréquens, pour ne pas faire ouvrir les yeux aux navigateurs qui voudroient tenter de visiter cette côte, & aux nations qui penseroient à les y envoyer.

Le port ne promet d'ailleurs aucun abri; les terres basses qui l'environnent ne peuvent en servir contre les vents qui y donnent de toutes parts. En outre, les bancs qu'amène le courant de la rivière sont très-mobiles, & par la même cause il est presqu'impossible de connoître parfaitement le chenal qui doit nécessairement, de temps à autre, changer de direction, & dont la profondeur est indéterminée.

Nous restâmes le reste de la journée au hameau de Tchekafki sans pouvoir nous remettre en route, ni pour aller au vaisseau naufragé, ni même pour retourner à Bolcheretsk. Le ciel, au lieu de s'éclaircir, s'étoit couvert de tous côtés de nuages noirs & épais qui nous le masquèrent tout le jour.

Peu d'instans après notre arrivée, il s'étoit élevé une tempête effroyable, & la Bolchaïa-reka, auprès même de notre hameau, étoit dans la plus grande agitation. Cette houle me surprit, vu le peu de capacité de la rivière en cet endroit : la pointe nord-est de l'embouchure & la terre basse qui se prolonge dans cet air de vent, ne formoient qu'un brisan, que les lames submergoient avec un bruit horrible. Le spectacle de ce coup de vent ne l'étoit pas moins, mais j'étois à terre, & je crus pouvoir le braver; il me prit fantaisie d'aller chasser dans les environs ; je n'eus pas fait quelques pas, que, saisi par le vent, je me sentis chanceler: je tins bon & voulus suivre mon idée & ma chasse; mais arrivé à un ruisseau qu'il me fallut traverser en bateau, je courus le plus grand danger, & je m'en revins sur le champ, bien corrigé de ma petite fanfaronade. Ces terribles ouragans étant très-ordinaires dans cette saison, il n'est pas étonant qu'il arrive tant de naufrages sur ces côtes; les bâtimens sont si petits, ils n'ont qu'un seul mât, & ce qu'il y a de pis, c'est que les marins qui les conduisent, ne sont guère dignes de la confiance qu'on leur accorde, s'il faut en croire ce qu'on m'en a rapporté.

Le lendemain nous reprîmes notre route pour retourner à Bolcheretsk, où nous n'arrivâmes que le soir à nuit tombante.

Comme je prévois que mon séjour ici sera peut-être fort long, puisque nous sommes forcés d'y attendre l'établissement du traînage, je vais reprendre le fil de mes descriptions, & le récit de ce que j'ai vu ou appris dans mes entretiens avec les Russes & les Kamtschadales. Commençons par la ville ou le fort de Bolcheretsk, car c'est ainsi qu'on l'appelle en Russe (ostrog ou krepost).

Il est situé au bord de la Bolchaïa-reka dans une île de peu d'étendue, formée par les différentes branches de cette rivière, qui partagent la ville en trois parties plus ou moins habitées. Celle qui est la plus éloignée, & qui se trouve le plus à l'est, est une espèce de faubourg appelé *Paranchine;* il contient environ dix à douze isbas. En deçà, ou dans le sud-ouest de Paranchine, c'est-à-dire, dans la partie du milieu, on voit aussi plusieurs isbas, & entr'autres une rangée de petites baraques en bois qui servent de boutiques. Vis-à-vis est le corps-de-garde, qui est en même temps la chancellerie ou salle de justice (1); cette maison est plus grande que les autres, & elle est toujours gardée par une sentinelle. Un second petit bras de la Bolchaïa-reka sépare encore par un très-court intervalle, cet amas d'habitations bâties sans ordre

---

(1) Ce corps-de-garde sert encore de prison, & même d'école pour les enfans. Le maître de cette école est un Japonois, sachant plusieurs langues, & payé par le gouvernement pour enseigner les enfans du pays.

& éparses çà & là, de la troisième partie de la place qui présente, dans le nord-ouest, un autre groupe de bâtimens plus rapprochés de la rivière. Celle-ci court dans cette partie sud-est & nord-ouest, & passe à cinquante pas de la maison du commandant. Cette maison se distingue aisément des autres; elle est plus élevée, plus vaste, & bâtie dans le goût des maisons en bois de Saint-Pétersbourg. A deux cents pas au nord-est de la demeure du commandant, on trouve l'église, dont la construction est simple & semblable à celle de toutes les églises des villages Russes. Auprès de celle-ci est une charpente de vingt pieds de haut, & recouverte seulement d'un toit, sous lequel sont suspendues trois cloches. On découvre encore dans le nord-ouest de la maison du commandant, une autre petite portion de la place, qui est séparée de cette maison par un pré ou marais d'environ trois cents pas d'étendue, & qui n'est composée que de vingt-cinq à trente isbas & de quelques balagans. En général, il y a très-peu de ces dernières habitations à Bolcheretsk; on en compte tout au plus dix; le reste n'est qu'isbas ou maisons de bois, dont le nombre peut monter à cinquante ou soixante, sans y comprendre les huit boutiques, la chancellerie & la maison du commandant.

Cette description exacte du fort de Bolcheretsk, doit faire trouver étrange qu'on lui conserve ce nom; car je puis attester qu'il n'y a pas traces de fortifications, & même il n'y a pas d'apparence qu'on ait jamais pensé à en construire en ce lieu. L'état, la position de cette place & de son port, tout me porte à croire qu'on a senti les dangers & les obstacles sans nombre qu'on auroit à surmonter, si l'on vouloit essayer de la rendre plus florissante, & d'en faire l'entrepôt général du commerce de toute la presqu'île. Les vues du gouvernement paroissent, ainsi que je l'ai dit, s'être plutôt tournées du côté du port de Saint-Pierre & Saint-Paul, dont la proximité, le facile accès & la sûreté doivent lui mériter la préférence.

Il existe entre ces deux places une différence frappante; c'est le degré de civilisation que j'ai remarqué à Bolcheretsk, & que je n'ai point vu à Pétropavlofska. Ce rapprochement sensible des mœurs Européennes, établit une assez grande opposition entre ces deux endroits. J'aurai soin de la faire sentir & d'en indiquer la cause dans le cours de mes observations sur les habitans de ces ostrogs; car c'est ici où je dois chercher à donner des détails sur leurs travaux, leurs usages, leurs goûts, leurs amusemens, leur nourriture, leur esprit, leur caractère, leurs tempéramens; enfin sur les principes du gouvernement auquel ils sont soumis.

La population est à Bolcheretsk, d'environ deux à trois cents personnes, tant hommes que femmes & enfans. Parmi ces habitans, on compte, y compris les bas officiers, soixante à soixante-dix

Cosaques ou soldats qui sont chargés de tous les travaux relatifs au service *(k)*. Ils montent la garde chacun à leur tour, nettoyent les chemins, raccommodent les ponts, déchargent les provisions envoyées d'Okotsk, & les transportent de l'embouchure de la Bolchaïa-reka jusqu'à Bolcheretsk. Le reste des habitans n'est composé que de négocians & de matelots.

Tous ces gens, Russes & Cosaques, parmi lesquels se trouvent des métis, font un commerce furtif qui embrasse tantôt un objet & tantôt un autre; il varie aussi souvent que l'occasion leur fait naître l'idée d'en changer, mais ce n'est jamais dans la vue de s'enrichir par des voies honnêtes. Leur industrie n'est qu'une friponnerie continuelle; elle ne les porte qu'à tromper à la journée les

1787. Octobre. A Bolcheretsk.

Commerce frauduleux des Cosaques & autres.

───────────────

(k) Leur paye est si médiocre, que la recette d'une année ne suffiroit pas pour les faire vivre seulement un mois, s'ils n'avoient la ressource d'un petit commerce frauduleux dont je vais rendre compte.

pauvres Kamtschadales, que leur crédulité & un penchant invincible à l'ivrognerie, livrent sans réserve à la merci de ces dangereux brigands. Ceux-ci, à l'instar de nos charlatans & d'autres fripons de cette espèce, vont de villages en villages amorcer les trop foibles indigènes; ils leur proposent de leur vendre de l'eau-de-vie qu'artificieusement ils présentent à goûter. Il est presque impossible qu'un Kamtschadale, homme ou femme, résiste à cette offre. On conçoit que le premier essai est suivi de plusieurs autres; bientôt les têtes s'échauffent, se perdent, & l'astuce des vendeurs obtient en même temps le débit du reste de leur marchandise. A peine sont-ils parvenus à enivrer les acquéreurs, qu'ils savent en tirer en échange ce qu'ils ont de plus précieux, c'est-à-dire, toutes les pelleteries qu'ils peuvent avoir; & souvent c'est le fruit des peines d'une saison entière, ce qui devoit servir à payer le tribut à la couronne, ou même procurer, en le vendant, la subsistance

de

de la famille : mais aucune confidération n'arrête un buveur Kamtfchadale ; tout eft oublié, rien ne lui coûte pour fe fatisfaire. Dans leur abrutiffement, ces malheureux fe laiffent ainfi tout enlever en un inftant ; & le plaifir momentané de vider quelques mefures d'eau-de-vie *(l)*,

---

(l) On fait que c'eft la paffion dominante chez tous les peuples du nord ; mais j'ai eu plus d'une fois occafion d'obferver que celui-ci ne le cède à aucuns. Voici un trait entr'autres qu'on m'a raconté fur les lieux, pour me faire juger de la rapacité de ces commerçans vagabonds, & de la ftupide prodigalité de leurs dupes.

Un Kamtfchadale avoit donné une martre zibeline pour un verre d'eau-de-vie ; brûlant d'en boire un autre, il invite le vendeur à entrer dans fa maifon : celui-ci remercie, fe dit preffé ; nouvelles inftances de la part du buveur qui propofe un fecond marché ; à ce mot, l'autre fe laiffe entraîner. =
« Encore un verre pour cette martre ; elle eft plus
» belle que la première. = Non, je dois garder
» ce qui me refte d'eau-de-vie ; j'ai promis de la
» vendre à tel endroit, & je pars. = Un mo-
» ment ; voici deux martres. = C'eft inutile. =
» Eh bien ! je mets la troifième. = Allons, bois. »
En même temps les trois martres font faifies, &

les réduit à la dernière misère, sans que jamais l'expérience pénible qu'ils en font, leur apprenne à se tenir désormais en garde contre leur propre foiblesse, ni contre l'adroite perfidie de ces marchands, qui finissent à leur tour par boire presqu'aussitôt tout le gain qu'ils doivent à leur friponnerie.

Commerce en général. Pour terminer l'article du commerce, j'ajouterai que ceux qui le font plus en grand dans toute la presqu'île du Kamtschatka, ne sont que des commis de négocians de Totma, Vologda, grand Ustiug, & de différentes villes de la Sibérie, ou des facteurs d'autres gros capitalistes, qui étendent jusque-là leurs spéculations de commerce.

---

notre homme fait de nouveau mine de sortir : son hôte redouble de cajoleries pour le retenir ; il demande un troisième verre ; autre refus, autres offres : plus le marchand fait le renchéri, plus le Kamtschadale prodigue les pelleteries. Qui croiroit qu'il finit par sacrifier pour ce dernier verre, sept martres zibelines de la plus grande beauté ! c'étoit tout ce qui lui restoit.

Toutes les marchandises & denrées, que la nécessité oblige de prendre dans leurs magasins, s'y vendent excessivement cher, & environ dix fois au-dessus de leur valeur courante à Moscou. Le vedro *(m)* d'eau-de-vie de France se paye ici quatre-vingts roubles. Le débit en est permis aux marchands; mais celle de grains venant d'Okotsk, & celle qui se fait dans le pays avec de la *flatkaïa-trava* ou herbe douce, sont vendues pour le compte du gouvernement, au prix de quarante-un roubles quatre-vingt-seize kopecks le vedro. On ne peut les vendre que dans les *kabacs* ou cabarets établis à cet effet. A Okotsk, le vedro de l'eau-de-vie de grains ne coûte que dix-huit roubles; d'où il résulte que les frais de transport peuvent s'évaluer à vingt-trois roubles quatre-vingt-seize kopecks, ce qui paroît exorbitant: qu'on juge d'après cela du bénéfice.

―――――――――――――――――――――――

(m) Le *vedro* est une mesure qui revient à trente ou quarante bouteilles de pinte.

Les autres marchandises d'importation *(n)*, je veux dire celles qui sont envoyées d'Okotsk, consistent en nankins & quelques étoffes de Chine, & en divers objets tirés des manufactures Russes & étrangères, tels que des rubans, mouchoirs, bas, bonnets, souliers, bottes & autres articles qui entrent dans l'habillement des peuples de l'Europe, & qui paroissent tenir au luxe, eu égard à l'extrême simplicité du vêtement & des habitudes des Kamtschadales. On apporte aussi en denrées du sucre, du thé, du café en petite quantité, très-peu de vin, des biscuits, des confitures ou fruits secs, comme prunes, raisins, &c. enfin des chandelles, bougies, de la poudre, du plomb, &c.

La rareté de toutes ces marchandises dans un pays si éloigné, & le besoin qu'on en a, ou celui qu'on s'en fait, forcent à

(n) J'ai annoncé plus haut que le commerce d'exportation étoit borné aux fourrures ; il se fait principalement par les négocians dont je viens de parler.

les prendre au prix excessif qu'y met l'avidité du vendeur. Pour l'ordinaire, il en trouve le débit presqu'au moment de leur arrivée. Ces marchands tiennent boutique, ils occupent chacun une de ces baraques qui sont placées vis-à-vis le corps-de-garde ; ces boutiques sont ouvertes tous les jours, excepté les fêtes.

La manière de vivre des habitans de Bolcheretsk, ne diffère pas de celle des Kamtschadales; cependant ils se plaisent bien moins sous des balagans, & leurs maisons sont un peu plus propres.

Les vêtemens sont les mêmes; l'habit de dessus, qu'on nomme *parque*, a la forme des chemises de nos charretiers; il est ordinairement de peaux de rennes *(o)* ou d'autres animaux qui sont tannées d'un côté. Ils portent dessous de longues culottes de pareils cuirs, & sur la peau une chemise fort courte & serrée, soit de

1787, Novembre. A Bolcheretsk.

Manière de vivre des habitans de Bolcheretsk, & en général des Kamtschadales.

Habillemens.

―――――――

(o) Ils tirent ces vêtemens de peaux de rennes du pays des Koriaques.

F iij

nankin, soit d'étoffe de coton; les femmes en ont de soie, & c'est un luxe parmi elles. Les deux sexes mettent des bottes; l'été elles sont de peaux de chèvres ou de chiens tannées, & l'hiver de peaux de loups marins ou de pieds de rennes *(p)*. Les hommes, en tout temps, se couvrent la tête avec de larges bonnets fourrés; dans la belle saison ils endossent une plus longue chemise de nankin ou de peau sans poil; elle est faite comme la parque, & leur sert au même usage, c'est-à-dire, qu'ils la passent par-dessus les autres vêtemens. L'habit de cérémonie & le plus distingué, est une parque bordée de peau de loutre & de velours, ou d'autre étoffe & de fourrure aussi chère. Les femmes sont vêtues de la même manière que les femmes Russes; l'habillement de celles-ci est trop connu pour que j'aie besoin de le décrire; j'observerai seulement que la

---

(p) Ces bottes s'appellent au Kamtschatka, *torbassi*.

cherté excessive de toutes les espèces d'étoffes au Kamtschatka, y rend la toilette des femmes un objet de dépense considérable; aussi adoptent-elles quelquefois l'accoutrement des hommes.

La nourriture principale de ces peuples consiste, comme je l'ai déjà dit, en poissons séchés. Les hommes font eux-mêmes leurs approvisionnemens de ce premier aliment, tandis que les femmes vaquent aux travaux de l'intérieur du ménage, & s'occupent à ramasser les fruits & autres végétaux qui sont, après le poisson sec, les mets favoris des Kamtschadales & des Russes de ces contrées. Lorsque ces femmes vont faire ces récoltes pour la consommation de l'hiver, ce sont pour elles autant de jours de fêtes; elles les célèbrent par des transports d'une joie bruyante & effrénée, qui donne lieu parfois à des scènes bizarres & le plus souvent indécentes. Elles se répandent en foule dans les campagnes en chantant & s'abandonnant à toutes les folies que leur imagination

1787, Novembre. A Bolcheretsk.

Alimens.

leur suggère ; nulle crainte, nulle pudeur ne les retiennent. Je ne saurois mieux peindre leur extravagante frénésie qu'en la comparant à celles des bacchantes du paganisme. Malheur à l'homme que le hasard amène & livre alors entre leurs mains ! quelque déterminé ou quelque agile qu'il soit, impossible à lui de se souftraire au sort qui le menace ; il est rare qu'il sorte du combat sans avoir reçu une ample fustigation.

Quant aux alimens, voici à peu-près comment les Kamtschadales les préparent ; on jugera par ce récit qu'on ne peut pas les soupçonner d'être délicats. Ils savent sur-tout ne rien perdre du poisson ; aussitôt pêché *(q)*, ils lui arrachent les ouïes, qu'ils se hâtent de sucer avec un plaisir extrême. Par un autre rafinement de sensualité ou de gloutonnerie, ils en coupent aussi sur le champ quelques morceaux tout saignans, & souvent tout gelés, qu'ils

---

(q) J'entrerai dans un plus grand détail sur leurs pêches, lorsque je parlerai de leurs chasses.

dévorent avec la même avidité. On achève ensuite de dépecer le poiſſon, dont l'arête eſt deſtinée aux chiens. Le reſte ſe conſerve & ſe fait ſécher pour l'hiver; alors on le mange bouilli, rôti, grillé, & le plus ordinairement tout cru.

Mais le mets que les palais connoiſſeurs eſtiment davantage, & qui m'a paru à moi le plus dégoûtant, c'eſt une eſpèce de ſaumon appelé *tchaouitcha*. Immédiatement après l'avoir pris, ils l'enterrent dans une foſſe; ils l'oublient dans cet étrange garde-manger, juſqu'à ce qu'il ait eu le temps de s'y bien aigrir, ou, pour parler plus juſte, de s'y pourrir complétement. Ce n'eſt qu'à ce point de corruption, qu'il acquiert la ſaveur qui flatte le plus la friandiſe de ces peuples. A mon avis, l'odeur infecte qui s'exhale de ce poiſſon, ſuffiroit pour dégoûter l'homme le plus affamé; & cependant un Kamtſchadale ſe délecte à manger toute crue cette chair putréfiée. Qu'il ſe trouve heureux ſur-tout quand il tient la tête! c'est le morceau par excellence; on la coupe en plusieurs parts. J'ai voulu parfois vaincre ma répugnance pour goûter légèrement de ce mets si recherché; jamais je n'ai pu me résoudre, non pas à y mettre la dent, mais seulement à l'approcher de ma bouche; chaque fois l'exhalaison fétide qu'il répand au loin, m'a donné des nausées, & m'a repoussé invinciblement.

Des truites & des saumons de plusieurs espèces, sont les poissons les plus communs au Kamtschatka : on mange aussi des loups marins, & la graisse de ce poisson est trouvée très-bonne; on s'en sert pour faire de l'huile à brûler.

Parmi les différens végétaux qui entrent pareillement dans la nourriture des Kamtschadales, ils font principalement usage de la racine de sarana, de l'ail sauvage, de la slatkaïa-trava ou herbe douce, & de quelques plantes & autres fruits qui sont à peu-près les mêmes qu'en Russie.

La racine de sarana est connue des botanistes *(r)* sa forme, sa grosseur & sa couleur ont été décrites fort au long dans le troisième voyage de Cook. Cette racine farineuse tient lieu de pain *(s)*; on la fait sécher avant de la faire cuire; mais de quelque façon qu'on l'apprête, elle est toujours très-saine & très-nourrissante.

De l'ail sauvage *(t)* on fait une espèce de boisson aigre & fermentée qui a un très-mauvais goût; il est encore employé dans diverses sauces, ces peuples l'aiment beaucoup.

A Bolcheretsk.

Boissons.

(r) Sous cette dénomination : *lilium flore atro rubente.*

(s) Les Cosaques usent en outre de la farine de seigle; ils en font un pain noir semblable à celui des paysans Russes. Le gouvernement leur donne une certaine quantité de cette farine; mais elle est toujours insuffisante, & ils sont forcés de s'en approvisionner à leurs frais; quelques-uns en font des accaparemens pour gagner ensuite sur la vente.

(t) On l'appelle au Kamtschatka *tscheremtscha.* Gmelin le désigne ainsi : *allium foliis radicalibus petiolatis, floribus umbellatis,* tome I, page 49.

La flatkaïa-trava ou herbe douce est assez agréable lorsqu'elle est fraîche. Les Anglois sont aussi entrés dans de grands détails sur cette plante *(u)*, que les naturels du pays estiment fort, sur-tout en distillation. Peu de temps après l'avoir cueillie ils la partagent par la moitié, & la ratissent avec une valve de moule pour en extraire la moelle; ils la font ensuite sécher pour l'hiver, & lorsqu'ils veulent s'en servir dans leurs ragoûts, ils la font bouillir. La flatkaïa-trava ou cette herbe douce s'emploie aussi pour faire de l'eau-de-vie *(x)*, vendue dans le pays, ai-je dit plus haut, pour le compte du gouvernement qui

―――――

(u) Spondilium foliolis pinnatifidis. Voyez Linn. Le suc qui sort de la pellicule de cette plante a une telle malignité, que la main ne peut y toucher, sans enfler à l'instant; aussi a-t-on grand soin de mettre des gants pour la cueillir.

(x) Cette eau-de-vie enivre encore plus vîte que celle de France; quiconque en boit, est sûr d'être extrêmement agité pendant la nuit, & de se trouver le lendemain sombre & inquiet comme s'il avoit fait un mauvais coup.

achette alors cette plante des Kamtschadales.

On compte trois sortes d'habitans, les Naturels ou Kamtschadales, les Russes & Cosaques, & les Métis ou les individus sortis du mélange de ces deux races.

Les indigènes, c'est-à-dire, ceux dont le sang n'est pas mêlé, sont peu nombreux; la petite vérole en a enlevé les trois quarts, & ce qui reste est répandu dans les divers ostrogs de la presqu'île; mais dans Bolcheretsk, on auroit peine à en trouver un ou deux.

Les vrais Kamtschadales sont en général d'une taille au-dessous de l'ordinaire; ils ont la figure ronde & large, les yeux petits & enfoncés, les joues saillantes, le nez écrasé, les cheveux noirs, presque point de barbe, & le teint un peu basané. Celui de la plupart des femmes, & leurs traits, sont à peu-près les mêmes; on ne les croira pas, d'après ce portrait, des objets bien séduisans.

Le caractère des Kamtschadales est doux

& hospitalier; ils ne sont ni fourbes ni voleurs; ils ont même si peu de finesse, qu'il n'y a rien de plus facile que de les tromper, comme on l'a vu, en profitant de leur penchant à l'ivrognerie. Ils vivent entr'eux dans la meilleure intelligence; il semble qu'ils se tiennent davantage, en raison de leur petit nombre; cette union les porte à s'aider mutuellement dans leurs travaux, & ce n'est pas une médiocre preuve de leur zèle à s'obliger, si l'on considère leur paresse naturelle, qui est extrême. Une vie active leur seroit insupportable; & le souverain bonheur à leurs yeux, après celui de s'enivrer, c'est de n'avoir rien à faire, de vivre dans une douce indolence. Elle est telle chez ces peuples, qu'elle leur fait négliger les moyens de pourvoir aux premiers besoins de la vie : on a vu plus d'une fois des familles entières réduites, l'hiver, aux dures extrémités de la disette, pour n'avoir pas voulu se donner la peine de faire, pendant l'été, leurs provisions de poisson, qui est pourtant pour eux l'aliment de première nécessité. S'ils oublient ainsi leur propre existence, on conçoit qu'ils sont encore moins soigneux sur l'article de la propreté; elle ne brille ni sur eux, ni dans leurs demeures; on pourroit même leur reprocher de donner dans l'excès contraire. Malgré cette insouciance & les autres défauts des naturels, on est réduit à regretter que leur nombre ne soit pas plus considérable; car, d'après ce que j'ai vu & ce qui m'a été confirmé par plusieurs personnes, pour être sûr de rencontrer en ce pays des sentimens d'honneur & d'humanité, il faudroit les chercher chez les vrais Kamtschadales; ils n'ont pas encore troqué leurs grossières vertus contre les vices polis que leur ont apportés les Européens destinés à les civiliser.

Mais c'est à Bolcheretsk où j'ai commencé à apercevoir les effets de leur influence. J'y ai vu, en quelque sorte, la trace des mœurs Européennes; moins encore dans le mélange des races, dans l'idiome & la conformation des traits des habitans, que dans leurs inclinations & leur manière d'être, qui n'annoncent pas toujours un très-grand fond de vertu. Cette différence remarquable entr'eux & les indigènes, ne provient, selon moi, que d'un acheminement pénible à la civilisation; & voici sur quoi je fonde mon opinion à ce sujet.

Bolcheretsk étoit, il n'y a pas encore long-temps, le chef-lieu du Kamtschatka, sur-tout depuis que les commandans avoient jugé à propos d'y établir leur résidence. Ces chefs & leurs suites y apportèrent les connoissances & les mœurs des Européens : on sait que celles-ci s'altèrent ordinairement dans la tradition, à mesure qu'elles s'éloignent davantage de la source; il est à présumer cependant que le gouvernement Russe ne confia, autant qu'il lui fut possible, son autorité & l'exécution de ses ordres, qu'à des officiers d'un mérite reconnu, si j'en juge par ceux qui en sont chargés aujourd'hui; d'après cela, il faut croire que ces commandans & autres officiers ne donnèrent, dans les lieux de leur résidence, que des exemples de vertus, de lumières & de toutes les qualités estimables des peuples civilisés. Malheureusement les leçons qu'ils offrirent ne furent pas toujours suffisantes, c'est-à-dire, qu'elles ne produisirent pas tout l'effet qu'on pouvoit en attendre, soit parce que ne présentant que des aperçus, elles ne furent pas assez sensibles, soit plutôt parce que n'ayant pu se répandre dans leur perfection, elles ne laissèrent dans les esprits que des impressions éphémères ou même vicieuses.

Ces réformateurs ne trouvèrent pas le même zèle dans les Cosaques qui composent les garnisons, ni dans les négocians & autres émigrans Russes, qui se sont établis dans cette péninsule. Le penchant à la licence, & l'amour du lucre, que portent presque toujours dans un pays conquis les colonies des vainqueurs, de semblables dispositions développées par la facilité de faire des dupes, durent arrêter les progrès de la réforme. Le germe funeste de ces inclinations s'y propagea plus promptement par les alliances, tandis que les semences des vertus sociales, qu'on avoit tâché d'y répandre, furent à peine recueillies.

Il en est résulté que les naturels ou vrais Kamtschadales, ont gardé assez généralement leur ignorante simplicité & la rudesse de leurs mœurs, & qu'une partie des autres habitans Russes & métis, qui de préférence se sont fixés dans la résidence des chefs, ont bien conservé une foible nuance des mœurs de l'Europe, mais non pas de ce qu'elles offrent de plus parfait. On en a déjà vu la preuve dans ce que j'ai dit de leurs principes dans le commerce, & j'ai été à portée de m'en convaincre encore mieux pendant mon séjour à Bolcheretsk, par une étude plus suivie de ses habitans, qui, sans cette nuance, ressembleroient presque en tout aux indigènes.

M. Kafloff, &, à fon exemple, tous ceux qui l'accompagnoient, donnèrent fucceffivement aux dames de cet oftrog, plufieurs fêtes ou bals; elles y vinrent toutes chaque fois avec autant d'empreffement que de joie. J'eus lieu de voir qu'on ne m'avoit pas trompé, en m'affurant que ces femmes, les Kamtfchadales comme les Ruffes, aiment toutes le plaifir; elles en font fi avides, qu'elles ne peuvent le cacher. Les filles font toutes étonnamment précoces, & ne paroiffent point tenir de la froideur du climat.

Pour les femmes de Bolcheretsk qui fe rendirent à nos affemblées, & qui la plupart étoient ou d'un fang mêlé ou nées de père & mère Ruffes, j'obfervai que leurs figures en général n'étoient pas défagréables; j'en vis même plufieurs qui pouvoient paffer pour jolies: mais la fraîcheur chez elles n'eft pas de longue durée; ce font fans doute les enfans, ou les ouvrages pénibles auxquels elles font affujetties, qui les fanent ainfi prefqu'à la fleur

1787, Novembre & Décembre.

Bals donnés aux dames de Bolcheretsk & remarques faites dans ces bals.

de leur âge. Leur humeur est joyeuse & d'une vivacité piquante, peut-être un peu aux dépens de la décence; elles cherchent d'elles-mêmes à amuser la société par tout ce que leur gaieté & leurs jeux peuvent leur fournir : elles aiment à chanter & le son de leur voix est doux & assez agréable; il seroit seulement à desirer que leur musique sentît moins le terroir, ou se rapprochât davantage de la nôtre. Elles parlent le Russe & le Kamtschadale, mais elles conservent toutes l'accent de ce dernier idiome. Je ne m'attendois guère à voir danser ici des polonnoises & encore moins des contredanses dans le goût des angloises: qui croiroit qu'on y a même une idée du menuet? Soit que mon séjour sur mer pendant vingt-six mois, m'eût rendu peu difficile, soit que les souvenirs que ce spectacle me retraçoit, m'eussent fasciné les yeux, je trouvai que ces danses étoient exécutées avec assez de précision & plus de grâce que je n'aurois imaginé. Les danseuses dont il est question, portent la vanité jusqu'à dédaigner les chansons & les danses des Kamtschadales. Pour achever de rendre compte de mes observations dans ces bals, j'ajouterai que la toilette des femmes ne laisse pas d'être soignée; elles mettent tout ce qu'elles ont de plus galant, ou ce qu'elles jugent de plus précieux. Ces habits de bals & de cérémonie sont principalement en soieries; & l'on a vu à l'article du commerce, que ces vêtemens doivent leur coûter fort cher. Je finirai ce récit par une remarque que j'eus occasion de faire, tant dans ces assemblées que dans celles des Kamtschadales, auxquelles j'assistai ensuite; c'est que le plus grand nombre des maris Russes ou indigènes ne paroissent point jaloux; ils ferment volontiers les yeux sur la conduite de leurs femmes, & sont on ne peut pas plus traitables sur ce chapitre.

1787, Décembre. A Bolcheretsk.

Les assemblées & fêtes Kamtschadales où je me trouvai, m'offrirent un autre spectacle également curieux par sa singularité: je ne sais ce qui me frappa davantage

Fêtes & danses Kamtchadales.

1787,
Novembre &
Décembre.
A Bolcheretsk,

du chant ou de la danse; celle-ci me parut tenir beaucoup de celle des Sauvages; elle consiste à faire en mesure des mouvemens, ou plutôt des contorsions désagréables & difficiles, en poussant tout à-la-fois un son guttural & forcé, semblable à un hoquet prolongé, pour marquer le temps de l'air que chante l'assemblée, & dont les paroles sont le plus souvent vides de sens, même en Kamtschadale. Je notai un de ces airs que je crois devoir placer ici, pour donner une idée du chant & du mètre de ces peuples.

Daria, Daria, da, Daria, ha, nou

dalatsché, damatsché, kannha koukha.
Da Capo.

Ce qui signifie,
Daria *(y)*, Daria, chante & danse encore.
Ce même air se répète ainsi à l'infini.

———

(y) Daria est un nom de baptème qu'on donne aux filles en Russie.

Ils aiment sur-tout à contrefaire dans leurs danses les différens animaux qu'ils chassent, tels que la perdrix & autres, mais l'ours principalement; ils représentent sa démarche lourde & stupide, & ses diverses sensations ou situations, c'està-dire, les petits autour de leur mère; les jeux amoureux des mâles avec les femelles; enfin leur agitation, lorsqu'ils viennent à être troublés. Il faut que ces peuples aient une connoissance bien parfaite de cet animal; ils ont, il est vrai, de fréquentes occasions de l'observer, & sans doute ils en font une étude particulière, car ils en rendent tous les mouvemens aussi-bien, je crois, qu'il est possible. Je demandai à des Russes plus connoisseurs que moi, étant dans leurs chasses plus habituellement aux prises avec ces animaux, si ces ballets pantomimes étoient bien exécutés; ils m'assurèrent tous qu'il étoit difficile de rencontrer dans le pays de plus habiles danseurs, & que les cris, la marche, & toutes les attitudes de l'ours étoient imités à s'y méprendre. Cependant n'en déplaise aux amateurs, ces danses, selon moi, ne sont pas moins fatigantes pour les spectateurs que pour les acteurs. On souffre réellement de voir ces danseurs se déhancher, se disloquer tous les membres, enfin s'époumoner, & tout cela pour exprimer l'excès du plaisir qu'ils goûtent dans ces bals bizarres, qui, je le répète, ressemblent aux divertissemens ridicules des Sauvages : à bien des égards, les Kamtschadales peuvent être mis sur la même ligne.

Après avoir rapporté avec quel art ces peuples contrefont les postures & tous les mouvemens de l'ours, qu'on pourroit appeler en quelque sorte leur maître à danser, ne seroit-il pas à propos de donner une idée de la façon dont ils chassent cet animal ? Ils l'attaquent de différentes manières ; parfois ils lui tendent des piéges : sous une trappe pesante, soutenue en l'air par un échaffaudage assez élevé, ils mettent un appât quelconque pour y attirer l'ours; celui-ci ne l'a pas plutôt senti & aperçu, qu'il s'avance pour le dévorer; en même temps il ébranle le foible support de la trappe, qui lui retombe sur le cou, & punit sa voracité, en lui écrasant la tête, & souvent tout le corps. C'est ainsi que depuis, en passant dans des bois, j'en ai vu de pris à ces piéges; ceux-ci restent tendus jusqu'à ce qu'un ours s'y soit attrapé: avant que cela arrive, il se passe quelquefois près d'un an. Cette façon de chasser l'ours, dira-t-on, n'exige pas une grande hardiesse, ni beaucoup de fatigues de la part des chasseurs; mais il en est une autre fort en usage en ce pays, & pour laquelle on jugera qu'il faut autant de force que de courage. Accompagné ou non, un Kamtschadale part pour aller à la découverte d'un ours; il n'a pour armes que son fusil, espèce de carabine dont la crosse est très-mince, plus, une lance ou épieu, & son couteau. Toutes ses provisions se bornent à un petit paquet;

contenant une vingtaine de poiſſons ſéchés. Dans ce leſte équipage, il pénètre dans l'épaiſſeur des bois & dans tous les endroits qui peuvent ſervir de repaire à l'animal. C'eſt pour l'ordinaire dans les brouſſailles ou parmi les joncs, au bord des lacs ou des rivières qu'il ſe poſte & l'attend avec conſtance & intrépidité ; s'il le faut, il reſtera ainſi en embuſcade une ſemaine entière, juſqu'à ce que l'ours vienne à paroître : dès qu'il le voit à ſa portée, il poſe en terre une fourche en bois qui tient à ſon fuſil *(z)*. A l'aide de cette fourche, le coup-d'œil acquiert plus de juſteſſe, & la main plus d'aſſurance : il eſt rare qu'avec une balle même aſſez petite, il ne touche pas l'animal, ſoit à la tête, ſoit dans la partie des épaules, ſon endroit ſenſible. Mais il faut qu'il recharge dans la même

---

(z) Les Kamtſchadales ne ſauroient tirer ſans ce point d'appui ; ce qui entraîne des préparatifs fort longs, & évidemment contraires à la célérité qui fait le plus grand avantage d'un chaſſeur.

minute, car l'ours, si le premier coup ne l'a pas renversé, accourt *(a)* aussitôt pour se jeter sur le chasseur, qui n'a pas toujours le temps de lui en tirer un second. Il a recours alors à sa lance dont il s'arme à la hâte pour se défendre contre l'animal furieux qui l'attaque à son tour. Sa vie est en danger *(b)*, s'il ne porte pas à l'ours un coup mortel; & l'on conçoit que, dans ces combats, l'homme n'est pas constamment le vainqueur; cela n'empêche pas les habitans de ces contrées de s'y exposer presque journellement : ils ont

---

(a) Il est assez commun de le voir aussi prendre la fuite, malgré sa blessure qu'il va cacher dans les buissons ou dans les marais ; c'est-là qu'en suivant la trace de son sang, on le retrouve ou mort ou expirant.

(b) On m'assura que l'ours quand il triomphe de son agresseur, lui déchire la peau du crâne, lui en couvre le visage & se retire. Suivant les Kamtschadales, la vengeance de cet animal indique qu'il ne peut soutenir le regard de l'homme ; ce préjugé bizarre entretient parmi eux l'opinion de leur supériorité, & me semble donner la raison de leur courage.

en vain sous les yeux les exemples fréquens de leurs compatriotes, qui y périssent; ils ne peuvent d'ailleurs partir pour cette chasse, sans penser qu'il leur faudra vaincre ou mourir; & jamais l'idée de cette dure alternative ne les intimide ni ne les arrête *(c)*.

Chasses. Ils chassent à peu-près de même les autres animaux, tels que les rennes, les argalis ou béliers sauvages, appelés en Russe *diki-barani,* les renards, les loutres, les castors, les martres zibelines, les

―――――――――

(c) Ils entreprennent cette chasse dans toutes les saisons de l'année, excepté lorsque la neige couvre les campagnes; ils ont alors une autre manière de poursuivre l'ours. On sait que l'hiver il se retire dans la tanière qu'il s'est fabriquée pendant l'automne avec des branchages; il y passe le temps des frimats à dormir ou à lécher sa patte; c'est-là que les Kamtschadales vont, sur leurs traîneaux, l'attaquer avec le secours de leurs chiens, qui l'assaillent & le contraignent à songer à sa défense: il s'élance de son repaire & court à une mort à peu-près certaine; s'il refuse de sortir, il la trouve également sous les débris de sa tanière où il est assommé.

lièvres *(d)* &c. mais jamais ils n'ont les mêmes risques à courir; tantôt ils se servent de piéges, faits en bois ou en fer, moins grands que ceux qu'ils tendent aux ours, & ressemblant, pour la simplicité du mécanisme, à nos traquenards; l'unique soin à prendre est de les visiter de temps en temps: tantôt ils vont à l'affût, armés, comme je l'ai dit; & la seule peine qu'ils aient à éprouver, provient de la durée de leur chasse, lorsqu'ils ont épuisé leurs vivres. Souvent ils se résignent à souffrir de la faim pendant plusieurs jours de suite, plutôt que de quitter la place sans avoir tué & pris l'animal qu'ils poursuivent: mais ils se dédommagent amplement de ces jeûnes, en mangeant, sur les lieux, le produit de leurs chasses *(e)*, & en comptant avec joie les peaux qu'elles leur procurent.

―――――――

(d) On a vu dans Cook la description de ces divers animaux.

(e) Ils trouvent très-bonne la chair de l'ours, des argalis & des rennes, cette dernière sur-tout; elle a fait parfois mon plus grand régal.

Ils choisissent, pour chasser ces animaux qui abondent au Kamtschatka, les saisons où leur poil est le plus beau. Au commencement de l'hiver on chasse les martres zibelines; elles habitent pour l'ordinaire les arbes : on les distingue par la partie du poil la plus près de leur peau, qui a la couleur & le nom de ceux sur lesquels elles se plaisent davantage, comme bouleau, sapin, &c.

L'automne, l'hiver & le printemps sont les saisons les plus favorables pour la chasse des renards; on en distingue quatre espèces différentes : 1.° le renard d'un roux-blanc qu'on estime le moins; 2.° le renard rouge ou d'un beau roux; 3.° le renard mêlé de roux, de noir & de gris, qui s'appelle *sévadouschka*; 4.° le renard noir qui est le plus rare, & celui dont on fait le plus de cas; sa couleur est vraiment d'un noir foncé : on remarque seulement que les poils du dos qui sont les plus longs, ont quelquefois à l'extrémité une teinte grisâtre; il y en a qui sont sans prix. Enfin, je crois qu'on pourroit encore compter deux autres espèces de renards, qu'on ne regarde pas ici comme tels, & que nous appelons renard bleu & renard blanc. Leurs noms en Russe sont *golouboy, peſſets* & *beloy-peſſets* ; leur poil est plus épais que celui des autres. En général, les renards du continent sont plus beaux que ceux qu'on va chasser dans les différentes îles de l'est *(f)* ; ils se vendent infiniment plus cher.

La chasse des rennes s'entreprend dans l'hiver, & celle des argalis dans l'automne. Les loutres sont ici extrêmement rares, mais il y a une assez grande quantité d'hermines, & je ne sais pourquoi on ne se donne pas la peine de les chasser ; il paroîtroit qu'on n'en fait aucun cas.

Ces peuples font aussi leurs pêches en différentes saisons : celle du saumon & des truites a lieu en juin ; celle du hareng en avril & mai ; enfin, celle du loup marin

―――――――――

(f) Ce sont les îles Aléutiennes, Schoumagines, celles des Renards & autres.

dans l'été, le printemps & sur-tout l'automne.

Ils se servent rarement de seines & presque toujours de filets ordinaires *(g)*, ou d'une espèce de harpon dont ils font usage avec beaucoup d'adresse. Les seines ne se jettent guère que pour prendre les loups marins; elles sont faites de lanières de cuir, & les mailles en sont fort ouvertes. Ils ont encore une autre manière de pêcher, c'est en murant la rivière avec des poteaux & des branchages qui, très-serrés, n'offrent au poisson qu'un passage étroit; souvent on lui en laisse plusieurs,

---

(g) Leurs filets sont de ficelle comme les nôtres; ils l'achettent des Russes, & en font eux-mêmes avec de l'ortie dont ils ont soin de faire des amas considérables. Ils la recueillent en automne, la lient par paquets, & la mettent sécher sous leurs balagans; dès que leurs pêches & les récoltes de fruits sont achevées, ils travaillent à sa préparation; ils la partagent en deux, puis en ôtent très-adroitement la pellicule avec les dents; le reste est battu & secoué jusqu'à ce que le filament se nettoie & devienne propre au filage.

à l'ouverture

à l'ouverture desquels sont placés des paniers disposés de façon que le poisson une fois entré n'en peut plus sortir.

Les chevaux sont peu communs au Kamtschatka : j'en vis quelques-uns à Bolcheretsk qui appartiennent au gouvernement, & qui sont confiés aux soins des Cosaques ; ils ne servent que pendant l'été pour le charroi des marchandises & effets de la couronne, & pour la commodité des voyageurs.

En revanche, les chiens abondent en ce pays, & suffisent à tous les transports ; l'utilité dont ils sont aux Kamtschadales, leur rend moins sensible la privation des autres animaux domestiques : d'ailleurs on a vu que la nourriture de ces coursiers n'est ni embarrassante ni dispendieuse ; avec du poisson pourri ou des restes de poisson séché, leurs maîtres en sont quittes ; encore ne se chargent-ils de les nourrir ainsi, que pendant le temps qu'ils leur sont nécessaires. En été, qui est la saison de leur inaction, il est d'usage

1787, Décembre. A Bolcheretsk.

Les chevaux sont rares.

Les chiens.

d'en lâcher une grande partie, à laquelle on remet le soin de sa subsistance ; ces chiens savent très-bien y pourvoir, en se répandant dans les campagnes & en rôdant le long des lacs & des rivières : leur exactitude à revenir ensuite chez leurs maîtres, est une des preuves les plus étonnantes de la fidélité de ces animaux. L'hiver arrive, & ils payent chèrement la liberté & le repos momentannés dont ils ont joui. Leurs travaux recommencent avec leur esclavage ; il faut que ces chiens soient d'une vigueur extrême pour les soutenir : leur grosseur cependant n'est pas extraordinaire ; ils ressemblent assez parfaitement à nos chiens de montagne, ou à ceux de nos bergers. Il n'est point d'habitans Russes ou indigènes qui n'aient au moins cinq chiens ; ils s'en servent pour voyager, pour aller dans les forêts couper du bois, pour le transporter ainsi que leurs autres effets ou provisions ; enfin, pour mener les voyageurs d'un endroit à un autre ; & en vérité, des chevaux ne leur rendroient pas plus de service. Ces chiens sont ordinairement attelés à un traîneau deux à deux *(h)*: un seul est à la tête & sert de guide; c'est au mieux dressé ou au plus intelligent qu'est réservé cet honneur; il comprend à merveille les termes avec lesquels le conducteur dirige leur marche: veut-il les faire aller à droite, il leur crie *tagtag, tagtag,* & *kougha, kougha* s'il faut aller à gauche; le chien savant l'entend aussitôt, & donne à ceux qui le suivent l'exemple de l'obéissance: *ah, ah* les arrête, & *ha* les fait partir. Le nombre des chiens attelés est proportionné à la charge du traîneau; lorsqu'elle n'excède

―――――――――――――――――

(h) Ils subissent comme les chevaux la castration, mais d'une manière différente: on n'extirpe point, on brise, & l'on se sert des dents pour cette opération; il en périt quelques-uns, d'autres en restent estropiés & hors d'état de servir. Cependant on conçoit qu'il seroit impossible de faire autant d'usage de ces chiens s'ils étoient entiers; on ne pourroit les atteler avec leurs femelles: mais on ne mutile pas tous les mâles; on en garde un certain nombre pour la conservation de l'espèce, & assez souvent on s'en sert pour les chasses.

H ij

1787,
Décembre.
A Bolcheretsk.

pas de beaucoup la pesanteur de l'homme qui le monte, c'est ce qu'on appelle un traîneau ordinaire ou *sannka (i)*; l'attelage alors est de quatre ou cinq chiens. Leur harnois *(k)* est en cuir; il passe au-dessous du cou, c'est-à-dire, sur le poitrail de ces coursiers, & tient au traîneau par une courroie longue de trois pieds en guise de trait : on les attache en outre par couples au collier les uns des autres; le plus souvent ce collier est recouvert d'un autre de peau d'ours, ce qui est un ornement.

Traîneaux.

La forme du traîneau est celle d'une corbeille alongée, dont les deux extrémités s'élèvent en se cintrant; sa longueur est d'environ trois pieds, & sa largeur n'a guère plus d'un pied. Cette espèce de corbeille qui fait le corps du traîneau, est d'un bois très-mince; les bords en

---

(i) Les traîneaux sur lesquels on charge les bagages se nomment *narta*; ils sont attelés de dix chiens.

(k) Ces harnois Kamtschadales s'appellent *alaki*.

font évasés & garnis de courroies de différentes couleurs : une peau d'ours s'étend sur l'endroit où l'homme s'asseoit. Cette partie supérieure du traîneau est élevée à environ trois pieds de terre, & porte sur quatre jambes; celles-ci s'écartent vers le bas, & sont fixées sur deux planches parallèles, larges de trois à quatre pouces. Ces planches ont très-peu d'épaisseur; dans leur longueur elles excèdent le corps du traîneau ; elles lui servent l'une & l'autre de points d'appui & de patins; à cet effet, elles sont garnies, chacune en-dessous dans le temps du dégel, de trois à quatre lames d'os de baleine de la même largeur, adaptées à ces patins avec des bandes de cuir. Les deux bouts que ces planches présentent en avant, se recourbent en-dessus, & vont joindre de chaque côté la traverse qui s'abaisse en même temps pour soutenir une partie du bagage; le devant du traîneau est encore orné de rênes flottantes, ou lanières de cuir qui ne sont d'aucun usage.

Le conducteur ne tient en sa main qu'un bâton arqué, qui est tout à la fois ses guides & son fouet. A l'un des bouts de ce bâton sont suspendus des anneaux de fer, autant par ornement que pour animer les chiens par le bruit de ces espèces de grelots que l'on agite de temps en temps; l'autre bout est quelquefois armé d'un fer pointu, afin d'avoir plus de prise sur la glace & la neige; il sert aussi à guider l'ardeur de ces animaux. Ceux qui sont bien dressés n'ont pas besoin d'entendre la voix; il suffit de frapper de ce bâton sur la neige pour les faire aller à gauche, ou sur les jambes du traîneau pour les faire aller à droite, & pour les arrêter, on le pose en avant entre le traîneau & la neige; enfin si leur train se ralentit, s'ils deviennent distraits & inattentifs aux signaux ou à la voix, on les corrige en leur jetant ce bâton *(1)*; mais alors il faut la plus grande adresse

---

(1) Ce bâton se nomme *oschtol.*

pour le ramasser, malgré la rapidité de la course, & c'est-là une des principales preuves de l'habileté du conducteur : les Kamtschadales sont singulièrement adroits à cet exercice. En général, je fus étonné de leur dextérité à mener leurs traîneaux ; & comme il étoit dit que je serois bientôt trop heureux de profiter de cette voiture, je crus devoir en faire souvent l'essai, moins pour m'y accoutumer, que pour apprendre à me conduire moi-même. On eut beau me représenter les dangers auxquels je m'exposois en voulant me hazarder seul sur un traîneau, avant d'avoir acquis assez d'habitude pour pouvoir me passer d'un guide ; à mon âge on ne doute de rien, je n'écoutai aucune observation. La légèreté de la voiture pesant à peine dix livres, son élévation qui la rend plus sujette à verser, la difficulté d'y garder l'équilibre, enfin les suites que peut avoir une chute lorsqu'on quitte le traîneau *(m)*; toutes

_____

(*m*) Les chiens ne sentant plus le même poids;

ces confidérations qu'on ne manqua pas de me mettre fous les yeux, ne purent m'intimider ni me dégoûter d'un apprentiffage auffi dangereux. Je m'élançai un jour fur mon nouveau char, confentant toutefois à être fuivi, & plufieurs traîneaux m'accompagnèrent. Ceux qui les montoient, n'attendirent pas long-temps pour me voir réalifer leurs prédictions; je leur donnai à très-peu de diftance le fpectacle d'une culbute complette; à peine relevé, nouvelle chute & nouveaux éclats de rire : malgré cela, je ne perdis pas courage, & me ramaffai promptement pour verfer une minute après. J'eus tout lieu de m'aguerrir contre ce défagrément, car à diverfes reprifes je payai le tribut de mon inexpérience; je tombai fept fois pour ce premier coup d'effai, mais fans me faire jamais aucun mal : je n'en revins que plus empreffé de prendre une

---

s'emportent au point qu'ils ne s'arrêtent quelquefois qu'après avoir brifé le traîneau contre des arbres, ou après s'être épuifés de fatigues.

seconde leçon, puis une troisième, puis une quatrième ; enfin je ne passai guère de jours sans faire quelque course. Le nombre de mes chutes diminua, à mesure que j'acquérois plus d'habitude & de savoir, & mes succès me rendirent si amateur de cet exercice, qu'en peu de temps je me fis une sorte de réputation ; j'avoue qu'il m'a fallu du travail pour m'habituer à conserver l'aplomb nécessaire. Il faut être pour ainsi dire dans un mouvement continuel ; ici se jeter sur la gauche quand le traîneau incline vers la droite ; là se reporter bien vîte sur la droite parce qu'il penche vers la gauche ; puis enfin se lever tout droit en d'autres cas, & si l'on manque de promptitude ou d'attention, il est rare qu'on ne soit pas aussitôt renversé : en tombant, il faut encore ne pas abandonner le traîneau, mais s'y accrocher de son mieux, afin de faire un poids suffisant pour arrêter les chiens qui sans cela s'emporteroient comme je l'ai dit. La manière la plus ufitée de fe placer fur un traîneau, eft de s'y affeoir de côté, ainfi que nos dames font à cheval; on peut auffi s'y mettre à califourchon; mais le tour de force, le *nec plus ultrà* de l'adreffe & de la grâce, c'eft de favoir fe tenir debout fur une feule jambe; il fait beau voir les experts dans ces brillantes attitudes.

Pour moi, dès que je fus en état de me conduire, je n'eus plus d'autre voiture; étant toujours accompagné, à caufe des chemins, j'allois tantôt me promener, tantôt chaffer le lièvre & la perdrix dont nous voyons les traces empreintes fur la neige *(n)*, & en fi grande quantité, qu'elle en paroiffoit picotée comme un crible: dans les bois, elle avoit parfois tant

---

(n) Les premières neiges tombèrent à Bolcheretsk le 5 novembre; elles furent fi abondantes, qu'elles couvrirent auffitôt les campagnes; mais les gelées ayant été plus tardives, & les coups de vent s'étant fuccédé prefque fans aucun intervalle, le traînage n'a pu s'établir parfaitement qu'affez long-temps après, ainfi qu'on le verra plus bas.

d'épaisseur, qu'il eût été impossible de faire un pas sans enfoncer; notre ressource alors étoit de quitter nos traîneaux dont nous ne pouvions plus nous servir, & nous les mettions sur le côté. Après avoir pris cette précaution qui suffit pour retenir les chiens, lesquels se couchent aussitôt en peloton sur la neige, & y attendent, sans bouger, le retour de leurs guides, nous nous attachions sous les pieds avec des courroies, des raquettes de planches très-minces *(o)*, larges chacune de six à huit pouces, & longues de trois à quatre pieds, dont le bout étoit recourbé en forme de patins, & le dessous garni de peau de loup marin ou de pied de renne. Munis de cette chaussure, nous commen-

---

(o) Ces raquettes sont appelées dans le pays *ligi*. Dans la partie septentrionale de la presqu'île, on se sert d'une autre espèce de raquettes appelées *lapki*; celles-ci sont moins longues, & faites de bandes de cuir entrelacées, comme la ficelle de nos raquettes de paume; on y adapte en dessous deux petits os pointus, qui entrent dans la neige & empêchent de glisser.

cions notre chasse; j'eus encore assez de peine dans les premiers temps à m'accoutumer à ces patins, je glissai plus d'une fois sur le dos & sur le nez; mais le plaisir d'une bonne chasse me faisoit oublier ces accidens. Quoiqu'il fût difficile de découvrir les lièvres & les perdrix, dont la blancheur égale celle de la neige, je ne manquois guère, grâce à l'habitude & aux avis de mes compagnons, d'en rapporter bon nombre.

Ce fut un de mes passe-temps les plus agréables à Bolcheretsk; le reste de mes momens étoit employé à gémir, à m'impatienter de la longueur forcée de mon séjour. Pour me distraire, je m'empressai de saisir le peu de beaux jours que nous eûmes pour visiter quelques environs que j'ai revus depuis à mon départ, & dont je parlerai en reprenant ma route. La construction de mes traîneaux de voyage *(p)* ne laissa pas aussi de m'occuper,

---

(p) Espèce de carrosse fermé où l'on peut se tenir

mais ma principale confolation fut la société de M. Kafloff & des officiers de fa fuite ; leurs converfations & des remarques que je fis fucceffivement, me mirent chaque jour à même de prendre des notes dont j'ai déjà tranfcrit une grande partie, & vais donner ici la fuite.

L'article des maladies qui règnent au Kamtfchatka fe préfente le premier : quelques détails défagréables qu'il exige, je ne penfe pas devoir le fupprimer ; il a fait partie de mes obfervations, il doit donc trouver fa place dans mon journal.

La petite vérole dont j'ai annoncé les ravages en ce pays, n'y paroît point être indigène ; elle n'y eft pas non plus fort ordinaire. Depuis l'invafion des Ruffes & les fréquentes émigrations qui l'ont fuivie, cette épidémie ne s'y

---

couché, & qui s'adapte à un traîneau ; c'eft ce genre de voiture qu'on nomme *verock* en Ruffie, où elles font fort communes : la mienne étoit garnie de peaux d'ours en dedans, & en dehors de peaux de loups marins.

est montrée qu'en 1767 & 1768 ; elle y fut alors apportée par un bâtiment Russe allant aux îles de l'est pour les chasses de loutres, de renards, &c. Le sujet, porteur de ce germe fatal, étoit un matelot venant d'Okotsk, où il s'étoit fait traiter avant son départ ; il avoit encore, à ce qu'on dit, les marques récentes de cette cruelle maladie : à peine débarqué, il la communiqua aux pauvres Kamtschadales, dont elle enleva les trois quarts ; elle n'a point reparu depuis, ce qui fait présumer que ces peuples n'y sont point sujets. En l'année 1720, elle affligea ceux qui sont au nord du Kamtschatka, mais elle ne parvint pas jusque dans cette péninsule ; elle avoit commencé à Anadirskoi, & l'on ignore qui l'y porta ; on est tenté d'en accuser pareillement les Russes.

On pourroit soupçonner que les Kamtschadales leur doivent aussi la connoissance du mal vénérien, qui heureusement n'est pas commun chez eux ; il paroît que ce fléau est exotique : la guérison en est aussi rare que difficile; on a recours à différentes racines & au sublimé, qui produit en ce pays, comme par-tout, des suites funestes, y étant encore plus mal administré qu'ailleurs.

Il n'y a point de bossus ni de boiteux de naissance; les seuls individus contrefaits sont ceux qui font des chutes considérables, ce qui n'est pas rare parmi les Kamtschadales, qui sont exposés à tomber du haut de leurs balagans. Ils sont peu sujets au scorbut; l'usage qu'ils font de l'ail sauvage & de différentes espèces de baies ou fruits, contribue à les en préserver; les Russes & les nouveaux débarqués sont plus souvent atteints de cette maladie.

Les pulmonies y sont assez fréquentes; mais les clous, tumeurs, abcès & loupes sont les maux les plus ordinaires: on ne sait les guérir que par les incisions & les extirpations; on se sert pour ces opérations, d'un couteau, ou tout simplement d'une pierre aiguisée qui supplée à la lancette. De pareils inſtrumens ne doivent pas donner une haute opinion du ſavoir des opérateurs, & il eſt aiſé de voir que l'art de la chirurgie, ſi perfectionné chez nous, eſt encore dans la plus grande barbarie au Kamtſchatka.

La médecine ne paroît pas y avoir fait plus de progrès; à ſon égard cependant il faut convenir que ces peuples ont déjà gagné quelque choſe, c'eſt d'avoir appris à ſe défier de leurs fourbes & ridicules empiriques. C'étoient autrefois de ſoi-diſant ſorciers appelés *Chamans*, qui profitant de la crédulité des Kamtſchadales, s'érigeoient de plus en docteurs en médecine, & s'aſſuroient ainſi de doubles droits à la vénération & à la confiance *(q)*. Leur accoutrement bizarre contribuoit encore à en impoſer, & s'accordoit merveilleuſement avec leurs

---

(q) J'ai eu depuis dans un oſtrog, à quelque diſtance de Bolcheretsk, occaſion de prendre à leur ſujet des renſeignemens plus détaillés, que l'on trouvera à mon ſéjour en ce village.

extravagantes

extravagantes momeries : ce qu'on m'en a dit passeroit toute croyance, si nous ne connoissions pas les Bohémiens & autres sorciers de cette espèce. On ne se fait pas d'idée des singeries de ces faux médecins, ni des impertinences qu'ils débitoient pour assaisonner leurs ordonnances ou leurs prétendues révélations. Il est probable que leurs cures avoient souvent de fâcheuses issues, & que le nombre de leurs victimes égaloit celui de leurs malades; mais à la longue on s'ennuie d'être dupe, sur-tout au péril de la vie; on commence par murmurer contre les imposteurs qui perdent insensiblement leur crédit, & finissent par tomber dans le mépris & dans l'oubli. C'est ce qui est arrivé aux Chamans; le peu de lumière que le commerce des Russes a répandu dans ces contrées, a suffi pour dessiller les yeux des habitans. Ils ont aussitôt reconnu l'absurdité de l'art magique de leurs docteurs; dès qu'il cessa d'être respecté, il devint bien moins lucratif, & les profits diminuant, le nombre des forciers ne tarda pas à décroître. Les hommes dégoûtés du métier l'abandonnèrent ; ils furent remplacés par quelques vieilles femmes qui fans doute font moins habiles, & par conféquent peu achalandées *(r)*.

Les femmes en ce pays ont rarement plus de dix enfans, leur taux ordinaire eft quatre ou cinq ; à quarante ans elles

---

(r) La révolution qui s'eft opérée au Kamtfchatka pour les Chamans, n'eft-elle pas abfolument l'hiftoire de tous nos charlatans ! mêmes fourberies à peu-près, même règne & même chute. Quelles réflexions on pourroit encore faire à ce fujet ! par exemple, que des peuples auffi fimples qu'ignorans, tels que les Kamtfchadales, aient été quelque temps dupes des impoftures de leurs forciers, il n'y a rien d'étonnant, & ils font bien excufables : mais avec tant d'impéritie & de crédulité, d'être revenus de leur erreur & d'en rougir, c'eft de quoi, ce me femble, il faut être furpris & les féliciter ; car enfin, chez les nations de l'Europe les plus éclairées, ne voit-on pas paroître chaque jour des efpèces de Chamans auffi perfides, auffi dangereux ! Tous ont cependant leurs apôtres, leurs profélytes & un nombre prodigieux de martyrs.

perdent l'espérance d'en avoir. Elles accouchent avec beaucoup de facilité, & se prêtent secours entr'elles pour se délivrer; il y a cependant quelques sages-femmes, mais en petit nombre. Les accidens, les couches malheureuses qui emportent tant de mères, y sont bien moins communs que les exemples d'accouchemens subits en plein air, dans les chemins, par-tout où les travaux de leur ménage appellent ces femmes. C'est vraisemblablement dans ces occasions qu'elles se servent de leurs cheveux, m'a-t-on dit, pour faire la ligature du cordon ombilical; elles rapportent ensuite elles-mêmes leur enfant, & se mettent sur le champ à l'allaiter. Le temps qu'elles le nourrissent est illimité. J'ai vu des mères donner à teter à des enfans de quatre & cinq ans: qu'on juge d'après cela de la forte complexion de ces femmes. On remarque néanmoins que les Kamtschadales des deux sexes, ne vivent pas plus long-temps que les Russes.

J'ai oublié de parler d'un remède dont les habitans de cette péninsule se servent volontiers & dans presque toutes leurs maladies. C'est une racine appelée *racine de l'ours*, infusée dans de l'eau-de-vie; le nom que ces peuples ont donné à cette plante, indique assez à qui ils en doivent la connoissance. Après avoir observé que l'ours avoit coutume de manger de préférence de cette herbe, & de se vautrer dessus lorsqu'il étoit blessé, ils se sont douté qu'elle pouvoit avoir quelque propriété, & dès-lors ils se sont décidés à en faire usage. Il ne manquoit plus à cet animal que de leur donner les premières leçons de botanique & de pharmacie. Au surplus, on m'a dit qu'avec cette racine, l'ours guérissoit toutes ses plaies : il est possible que l'homme s'en trouve aussi très-bien; mais je n'ai pas été dans le cas d'en faire l'essai moi-même, & je ne connois pas autrement cette plante.

La religion chrétienne a été apportée par les Russes au Kamtschatka; mais les habitans de cette péninsule ne font, à proprement parler, que baptifés; ils font loin de remplir les devoirs que ce facrement leur impofe. Savent-ils feulement en quoi confiftent les premiers préceptes du chriftianifme ? j'en doute ; livrés à tous leurs penchans, ils en fuivent l'impulfion bonne ou mauvaife ; s'ils fe fouviennent de la religion, c'eft uniquement par un motif de convenance ou d'intérêt, ou bien lorfque les circonftances les y ramènent : cela prouve chez ces peuples un grand défaut d'inftruction, & l'on ne peut, ce me femble, en accufer que leurs prêtres qui devroient éclairer leur ignorance. Mais ces prêtres ou miffionnaires ont-ils les lumières fuffifantes? il eft vrai qu'ils ne font pas à portée de faire des études profondes, & probablement on ne les exige pas, puifqu'il eft affez commun de voir même des Kamtfchadales admis à cet état augufte.

Tous ces popes font foumis à l'autorité du protapope ou archiprêtre réfidant à

1788, Janvier. A Bolcheretsk.

Nijenei; il relève lui-même de l'archevêque d'Irkoutsk, qui seul les ordonne & confère les pouvoirs, de sorte que les clercs sont tous obligés de se rendre en cette ville. Peut-être la longueur & les dangers de la route leur sont-ils comptés pour une espèce de séminaire; peut-être sans autre mérite ni examen reçoivent-ils les ordres sacrés: ce qu'il y a de certain, c'est qu'ils n'en reviennent ni meilleurs ni plus instruits. Ces ecclésiastiques sont ensuite envoyés à leur destination particulière; le temps qu'ils y restent est illimité, & dépend absolument de la volonté de leurs chefs.

Églises. On compte huit églises principales au Kamtschatka, Paratounka, Bolcheretsk, Jchinsk, Tiguil, Vercknei, Klutchefskaia, & deux à Nijenei; on pourroit même y ajouter celle d'Ingiga dans le pays des Koriaques.

Sept ostrogs & les îles Kouriles composent le district ou la paroisse de Paratounka; savoir, le village de ce nom,

Saint-Pierre & Saint-Paul, Koriaki, Natchikin, Apatchin, Malkin & Bolcheretsk. Le nombre de paroiffiens contenus en ces oftrogs, n'excède pas quatre cents; & en y comprenant les îles Kouriles, le dénombrement général ne monte qu'à fix cents vingt chrétiens. L'Impératrice accorde au curé de Paratounka quatre-vingts roubles d'appointemens, à quoi elle fait ajouter vingt *pouds* (ſ) de farine de feigle. Ses paroiffiens ne lui payent en conféquence aucune dixme; mais il reçoit les aumônes & autres émolumens cafuels attachés à fon églife. Pour un mariage, un baptême ou un enterrement, ces pafteurs demandent tout l'argent ou tels objets qu'il leur plaît d'exiger. Rien n'eft réglé à cet égard, & ils n'ont d'autre arbitre que leur propre volonté, ce qui eft fufceptible des plus grands abus. Pour l'ordinaire cependant, ils veulent bien

---

(ſ) Poids Ruffe équivalant à un peu plus de trente-trois livres de France.

mesurer leurs demandes aux facultés de leurs paroissiens, & on doit leur savoir gré de cette sorte de retenue.

Les Kamtschadales sont libres; ils ne sont assujettis qu'à payer à la Russie un tribut annuel, qui consiste, comme je l'ai dit, en fourrures de toute espèce, de sorte que le produit de leurs chasses, tourne presqu'entièrement au profit de l'Impératrice. Chaque chef de famille est obligé de fournir pour lui, & pour chacun de ses enfans, même pour ceux en bas âge, une certaine quantité de pelleteries équivalante à la quotité de son imposition : or celle-ci peut monter à environ sept roubles, plus ou moins, & l'on m'a dit que l'évaluation de ces fourrures se fait toujours au plus bas prix possible. Cette manière de payer la capitation au Kamtschatka, doit être d'un grand rapport à la couronne, à en juger seulement par les martres zibelines que fournit annuellement cette province, & dont le nombre est porté à plus de quatre mille. Chaque toyon perçoit les impôts dans son ostrog, & les remet ensuite au trésorier de la couronne; mais préalablement il est donné un reçu du montant de sa capitation à chaque Kamtschadale, qui a soin de marquer de son cachet ou d'un signe quelconque toutes les fourrures qu'il livre.

Les monnoies ayant cours, sont l'impériale en or, valant dix roubles, le rouble & le demi-rouble; on ne voit que très-peu de monnoies d'argent au-dessous de cette valeur; celle de cuivre ni celle en papier ne sont point encore parvenues dans cette péninsule: ne seroit-ce pas une preuve que la marchandise la moins chère doit s'y vendre un demi-rouble ? On trouve ici une grande quantité d'anciennes espèces en argent du temps de Pierre Ier, de Catherine Ire & d'Élisabeth; on pourroit même en faire une branche de commerce; l'argent en est plus pur & à un taux supérieur aux monnoies communes.

La paye des soldats ou Cosaques est de

quinze roubles par an; quant aux officiers que le gouvernement envoie dans des pays si éloignés, ils reçoivent doubles appointemens.

La presqu'île du Kamtschatka, lorsque M. le major Behm commandoit à Bolcheretsk, ressortissoit directement au gouvernement général d'Irkoutsk. Au départ de ce commandant que les Anglois virent leur premier attérage en 1779, M. le capitaine Schmaleff fut chargé par *interim* de ce commandement; il a joui pendant un an du pouvoir & du plaisir de faire du bien aux habitans, qui ont pour lui autant de respect que de reconnoissance. M. Rénikin vint le remplacer en 1780; il fut rappelé en 1784 par des ordres supérieurs, & pour des causes que je suis obligé de taire. A cette époque, le département du Kamtschatka fut réuni à celui d'Okotsk. Depuis lors, les chefs & officiers des différens ostrogs, villes ou villages de cette péninsule, sont soumis aux ordres du commandant à Okotsk & aux décisions des tribunaux de cette ville; ceux-ci font eux-mêmes subordonnés & rendent compte au gouverneur général résidant à Irkoutsk. L'officier qui commande à Bolcheretsk, autrefois le chef-lieu du Kamtschatka, n'est aujourd'hui qu'un simple sergent; celui que j'y laissai s'appeloit *Rastargouieff;* il fut nommé à cette place par M. Kasloff.

J'observerai que les commandans dans ces divers ostrogs, même les officiers d'un grade inférieur envers leurs supérieurs, ne se doivent mutuellement aucun compte de leur administration; aussi l'autorité de chacun ne s'étend-elle que sur les habitans des lieux de sa dépendance : c'est ce qui a porté sans doute l'Impératrice à nommer un *capitan ispravnick*, capitaine inspecteur, chargé de parcourir chaque année tous les ostrogs des Kamtschadales, pour recevoir leurs plaintes, examiner leurs différends, les juger, faire punir ceux qui le méritent; en un mot, pour maintenir l'ordre & la paix parmi eux. Il entre encore dans ses fonctions d'encourager le commerce,

*1788,
Janvier.
A Bolcheretsk.*

la chasse & la pêche, de veiller au payement exact des tributs, aux approvisionnemens à faire par chaque particulier pour sa nourriture & celle de sa famille, aux réparations des ponts & des chemins, qui malheureusement sont aussi peu nombreux que mal entretenus. Enfin, ce capitan ispravnick doit s'attacher en tout à introduire parmi ces peuples les mœurs & les usages des Russes. Cette place importante fut confiée, en 1784, à M. le baron de Steinheil, qui établit sa résidence à Nijenei. Des affaires l'ayant appelé ailleurs, il fut remplacé, à mon arrivée au Kamtschatka, par M. Schmaleff, qui faisoit alors, en nous accompagnant, la visite de son département.

Tribunaux. L'administration n'est pas purement militaire; il y a quelques tribunaux établis pour instruire juridiquement les procès & autres affaires, & pour les juger; tels sont ceux de Tiguil, Ingiga & Nijenei-Kamtschatka : ces tribunaux ressortissent à celui d'Okotsk, ainsi qu'en Russie les justices des villes du second ordre relèvent de celles des capitales qui prononcent en dernier ressort. Il y a en outre à Bolcheretsk une espèce de juridiction consulaire ou tribunal vocal, appelé en Russe *Slovesnoi-soud*; les juges sont marchands, ils connoissent de toutes les contestations relatives au commerce, & leurs sentences sont confirmées ou cassées par le tribunal où les affaires sont portées par appel. Il suffit de dire qu'on y suit uniquement le code des loix Russes; celles-ci sont assez connues pour me dispenser d'entrer à leur égard dans de plus grands détails; je ne pourrois d'ailleurs que répéter ce qu'en ont rapporté divers historiens ou des observateurs beaucoup plus éclairés que moi.

Je crois cependant devoir ajouter que les biens des Kamtschadales retournent, à leur décès, sans difficultés, à leurs plus proches héritiers ou à ceux à qui il leur plaît de les léguer; les volontés des testateurs sont respectées & suivies à la lettre, comme elles pourroient l'être en Europe

1788,
Janvier.
A Bolcheretsk.

Usages pour les successions.

chez les peuples les plus scrupuleux en matière de successions.

Le divorce n'est ni usité ni permis parmi les Kamtschadales. Les Russes paroissent rechercher volontiers leur alliance, quoiqu'elle ne leur procure aucun privilége particulier. On devine aisément quel peut être leur motif; il rend ces mariages si fréquens, qu'il ne seroit pas impossible qu'avant la fin de la génération présente, la race des naturels du pays ne fût entièrement détruite.

La peine de mort abolie dans tous les états de l'Impératrice, n'a de même jamais lieu au Kamtschatka. Dans les premiers temps, des Russes accusés d'avoir vexé les Kamtschadales, furent condamnés au knout; il y en eut aussi parmi ces derniers, qui pour divers griefs subirent ce cruel supplice, mais aujourd'hui on n'y a plus recours; dès que ceux-ci font quelques fautes ou commettent quelques graves délits, on se contente de les battre. Ont-ils beaucoup gagné au change? la manière actuelle de les punir étant plus simple & plus expéditive, est sans doute employée plus volontiers, & doit être souvent abusive.

L'idiome Kamtschadale m'a paru dur, guttural & très-difficile à prononcer; les mots en sont entrecoupés & les sons désagréables. Il y a pour ainsi dire autant de dialectes & d'accens différens qu'il y a d'ostrogs. Par exemple, on est tout étonné, en sortant de Saint-Pierre & Saint-Paul, d'entendre à Paratounka un autre jargon; il en est de même des villages les plus voisins les uns des autres. Malgré ces variations dans l'idiome, j'ai cru devoir m'attacher à m'en procurer un vocabulaire que je placerai à la fin de mon Journal. J'y joindrai celui des langues Tchouktchis, Koriaques & Lamoutes; j'y ai donné tous mes soins, & l'on m'a fourni des secours qui m'ont été très-utiles. Je terminerai l'article de mon séjour à Bolcheretsk par diverses observations qui mettront à même de juger *de* l'impossibilité où je me suis trouvé pendant tout ce temps de reprendre ma route.

Vers la fin de novembre, le froid se fit sentir tout-à-coup si vivement, qu'en très-peu de jours toutes les rivières furent prises, même la Bolchaïa-reka, ce que la rapidité extrême de son courant rend très-rare. Dès le lendemain elle se débarrassa des glaçons qui la couvroient ; je n'en ai revus depuis s'arrêter devant Bolcheretsk qu'à la hauteur de la maison du commandant. Quoique prise en plusieurs endroits, cette rivière présente encore à cette époque grand nombre de lacunes, où l'on voit que ses eaux ont leur cours ordinaire.

On remarque sur chaque rivage de la péninsule, une différence sensible dans l'atmosphère. Tandis que la sécheresse a régné à Saint-Pierre & Saint-Paul pendant toute la belle saison, on se plaignoit à Bolcheretsk de pluies fréquentes ; cependant il m'a paru qu'en général on n'avoit pas trouvé l'automne très-pluvieux cette année.

année. Les pluies trop abondantes font nuisibles en ce pays, en ce qu'elles causent des débordemens considérables & chassent le poisson; d'où il résulte que la famine vient affliger les pauvres Kamtschadales, comme il est arrivé l'année dernière dans tous les villages de la côte de l'ouest de la presqu'île. Ce funeste fléau y régna si généralement, qu'il força les habitans d'abandonner leurs demeures, & de se transporter avec leurs familles sur les bords de la Kamtschatka, dans l'espoir d'y trouver plus de ressources, le poisson étant plus commun dans cette rivière. M. Kasloff s'étoit proposé de reprendre sa route par la côte occidentale, ayant déjà parcouru celle de l'est; mais la nouvelle de cette famine le détermina malgré lui à revenir sur ses pas, plutôt que de s'exposer à être arrêté, & peut-être à périr à moitié chemin, par la difficulté de se procurer des chiens & des vivres sur la côte de l'ouest.

Le vent a extrêmement varié pendant mon séjour à Bolcheretsk; il a été le plus constamment ouest, nord-ouest & nord-est; quelquefois il a soufflé de la partie du sud, mais rarement de l'est. Les vents de sud & d'ouest ont presque toujours été accompagnés de neige; & il ne s'est guère passé de semaines, & cela jusqu'en janvier, sans que nous n'ayons vu s'élever deux ou trois tempêtes violentes; elles nous venoient pour l'ordinaire du nord-ouest : ces coups de vent ne duroient pas moins qu'un ou deux jours, & parfois sept ou huit. Il eût été alors de la dernière imprudence de nous hasarder à sortir; le ciel étoit couvert de toutes parts, & la neige soulevée par ces tourbillons, formoit en l'air un brouillard épais qui ne permettoit pas de voir à six pas. Malheur à tous voyageurs qui se trouvent en route par cet horrible temps ! il faut forcément qu'ils s'arrêtent, ainsi que je l'ai dit, autrement ils risqueroient de se perdre, ou de tomber dans quelques abîmes ; car comment distinguer le chemin ? comment le suivre quand on a à lutter contre l'impétuofité du vent, & qu'on peut à peine fe dépêtrer des monceaux de neige qui tout-à-coup vous environnent ? Si les hommes courent de fi grands dangers, qu'on juge de ce que doivent fouffrir les chiens. Rien de fi commun encore, lorfqu'on eft furpris par ces affreux ouragans, que de fe féparer des traîneaux de fa fuite, & de fe trouver à deux verftes ou plus les uns des autres, faifant route oppofée *(t)*.

La fréquence de ces tempêtes, les accidens effrayans qui peuvent en être la fuite, nous firent fentir la néceffité de différer notre départ. M. Kafloff avoit autant de defir de fe rendre à fa réfidence, que j'avois d'impatience de continuer mon voyage pour remplir ma miffion avec la promptitude qui m'étoit recommandée; mais tous les avis que nous prîmes condamnèrent notre empreffe-

1787, Janvier.
A Bolcheretsk.

Caufes qui ont néceffité la longueur de notre féjour à Bolcheretsk.

―――――

(t) Ces ouragans règnent fur-tout pendant les mois de novembre, décembre & janvier.

K ij

ment, & l'on me prouva qu'il y auroit eu à moi de la témérité de partir, étant chargé de dépêches aussi importantes que celles qui m'étoient confiées. Cette réflexion me fit céder aux instances & aux conseils de M. Kasloff & des autres officiers de sa suite : ce commandant prévint mes vœux en me donnant un certificat signé de lui, qui justifioit la longueur de mon séjour à Bolcheretsk, par le détail des causes qui l'ont nécessitée *(u)*. Ces coups de vent ayant enfin cessé vers le 15 de janvier, nous nous empressâmes de pourvoir aux derniers préparatifs de notre départ, qui fut fixé au 27 de ce mois.

Nous nous approvisionnâmes le mieux que nous pûmes d'eau-de-vie, de bœuf, de farine de seigle & de gruau. On fit une grande quantité de pains, dont une partie fut gardée pour les premiers jours

---

(u) On trouvera ce certificat à la fin de cet ouvrage.

de notre route, & l'autre fut coupée en très-petits morceaux qu'on fit sécher au four comme le biscuit; du reste de la farine on remplit des sacs mis en réserve pour les cas de nécessité.

M. Kasloff avoit ordonné qu'on rassemblât le plus grand nombre de chiens qu'il seroit possible; aussitôt il nous en vint par troupeaux de tous les ostrogs voisins: on nous fournit pareillement des provisions en abondance; le seul embarras fut de les emporter. A l'instant de charger nos traîneaux, notre bagage se trouva si considérable, que, malgré la multitude de bras qui y furent employés, ce chargement ne put être achevé que le 27 au soir; nous avions résolu de partir ce jour-là dès le matin, & il étoit nuit lorsqu'on vint nous annoncer que tout étoit prêt: nous avions eu le temps de nous impatienter; pour moi, j'avoue que jamais journée ne m'a paru aussi longue. Ce retard nous avoit tellement contrariés, que nous ne voulûmes pas attendre au lendemain; à peine avertis, nous courûmes à nos traîneaux, & dans la même minute, nous fûmes hors de Bolcheretsk.

Il étoit sept heures du soir lorsque nous en sortîmes à la faveur de la lune dont la clarté devenoit encore plus vive par la blancheur éblouissante de la neige. Ce départ fut réellement une chose à peindre; qu'on se représente en effet notre nombreuse caravane partagée en trente-cinq traîneaux *(x)*, y compris ceux qui portoient nos équipages. Sur le premier étoit un sergent nommé *Kabechoff*, chargé de commander & de guider notre marche; il donne le signal, & soudain tous ces traîneaux partent à la file; ils sont emportés par environ trois cents

---

(x) C'étoient pour la plupart des traîneaux ordinaires, tels qu'on les a vus décrits page 116; quelques-uns étoient fermés & avoient la forme des *vezocks* ou *kibicks*; le mien étoit de ce nombre, ainsi que je l'ai annoncé page 124. Dans ces trente-cinq traîneaux, je ne compte pas ceux des habitans de Bolcheretsk, qui nous conduisirent jusqu'à Apatchin.

Dessiné par D...

chiens *(y)* dont l'ardeur égale la vîteffe : mais bientôt l'ordre eft rompu, les lignes fe croifent, fe confondent; une noble émulation anime les conducteurs, & le voyage devient une courfe de chars; c'eft à qui pouffera fes courfiers; perfonne ne veut être dépaffé, les chiens même ne peuvent endurer cet affront; ils fe preffent à l'envi, s'attaquent tour-à-tour pour obtenir l'honneur du pas; le combat s'engage, & les traîneaux font renverfés, au rifque fouvent d'être mis en pièces. Les clameurs des culbutés, les cris des chiens qui font aux prifes, les aboiemens confus de ceux qui courent, enfin, la *loquèle* bruyante & continue des guides ajoutent encore au défordre où l'on ne peut ni fe reconnoître ni s'entendre.

Pour jouir plus à mon aife de ce tumulte, je quittai mon traîneau dans lequel je me trouvois emprifonné; je

---

(y) Il y en avoit quarante-cinq attelés au traîneau de M. Kaffoff, & trente-fept au mien.

demandai à me mettre sur un plus petit, qui outre le plaisir de me conduire moi-même, me procuroit encore celui de voir ce qui se passoit autour de moi : il n'arriva heureusement aucun accident, & je n'eus pas lieu de me reprocher ma curiosité. Cet embarras provenoit principalement du concours des habitans de Bolcheretsk, qui par attachement autant que par honneur pour M. le commandant, voulurent nous accompagner jusqu'à Apatchin (z) où nous arrivâmes vers minuit : de Bolcheretsk jusqu'à cet ostrog, on compte quarante-quatre verstes.

Arrivée à Apatchin.

Peu d'instans après notre arrivée, il s'éleva un vent impétueux qui nous eût fort incommodés, s'il nous eût surpris en route. Cette tempête dura le reste de la nuit, & pendant toute la journée du 28, de sorte que nous fûmes obligés de la passer à Apatchin.

―――

(z) Le 18 octobre 1786. Avant d'arriver à Bolcheretsk, j'avois déjà passé par ce village dont j'ai fait la description, page 63.

Nous y reçûmes les derniers adieux des habitans de Bolcheretsk qui nous avoient suivis; leurs regrets de voir partir M. Kasloff, les témoignages de reconnoissance & de vénération qu'ils lui donnèrent, me touchèrent singulièrement: je fus sur-tout étonné de l'intérêt qu'ils parurent prendre à moi, & au succès de mon voyage; chacun d'eux me l'exprima à sa manière. Je fus d'autant plus sensible à l'affection qu'ils me montrèrent en ce moment, que pendant mon séjour à Bolcheretsk, j'avois eu occasion de m'apercevoir que le nom François n'étoit pas en grand honneur parmi ces peuples; ils avoient même la plus mauvaise opinion de nous, au point qu'ils eurent d'abord peine à croire ce qu'on leur rapporta de la politesse & de la cordialité avec lesquelles toutes les personnes de notre expédition avoient traité les habitans de Saint-Pierre & Saint-Paul. Cependant, à mesure qu'ils entendirent leurs compatriotes se louer de nos procédés à leur

1787, Janvier.
Le 28.
Adieu des habitans de Bolcheretsk,

1787,
Janvier.
Le 28.
A Apatchin.

égard, leur prévention devint moins forte; j'en profitai pour travailler à la détruire, & par mes discours & par ma conduite avec eux: je n'ose me flatter d'avoir réussi; mais il m'a semblé qu'à la fin leur façon de penser étoit totalement changée en notre faveur.

Cause de la mauvaise opinion que les habitans du Kamtschatka avoient des François.

L'idée désavantageuse qu'ils avoient du caractère & du génie de notre nation, prenoit sa source dans la réputation de perfidie & de cruauté que nous avoit donnée dans cette partie de la presqu'île, il y a quelques années, le fameux Beniovski; cet Esclavon s'y étoit dit François, & s'y étoit comporté en véritable Vandale.

Détails historiques sur Beniovski.

Son histoire est connue: on sait que lors des troubles de 1769, il servoit en Pologne sous les drapeaux de la Confédération; son intrépidité le fit choisir pour commander un ramas d'étrangers ou plutôt de brigands comme lui, que les confédérés soudoyoient à regret: à leur tête, il parcouroit le pays, massacrant tout ce qui se rencontroit sur son passage ; il harceloit sans cesse les Russes qui ne le redoutoient pas moins que les Polonois. Ils sentirent bientôt la nécessité de se délivrer d'un ennemi aussi dangereux; ils parvinrent à le prendre, & l'on conçoit qu'il ne dut pas en être bien traité. Relégué en Sibérie, & de-là au Kamtschatka, il y porta son génie ardent & vindicatif. Sorti du milieu des neiges sous lesquelles les Russes le croyoient enseveli, il paroît tout-à-coup à Bolcheretsk, suivi d'une troupe d'exilés auxquels il a su inspirer son audace ; il surprend la garnison & se saisit des armes ; le commandant lui-même, M. Nilloff, est tué de sa main. Un bâtiment étoit dans le port; Beniovski s'en empare, tout tremble à son aspect, tout est forcé de lui obéir. Il contraint les pauvres Kamtschadales à lui fournir les provisions qu'il demande; & non content des sacrifices qu'il obtient, il livre leurs habitations à la licence effrénée des bandits de sa suite, à qui il donne l'exemple du crime & de la férocité. Il s'embarqua à la fin avec ses compagnons ; il fit voile, dit-on, vers la Chine, emportant l'exécration des peuples du Kamtschatka *(a)*. C'étoit le seul soi-disant François qu'ils eussent encore vu dans leur péninsule; & ne pouvant juger de notre nation que d'après lui, il leur étoit sans doute bien permis de ne pas nous aimer, & même de nous craindre.

M. Schmaleff nous quitta à la pointe du jour, & partit le premier pour parcourir la côte de Tiguil ou de l'ouest, & faire la visite du reste de son département. *(b)*.

Nous sortîmes d'Apatchin presqu'en même temps; notre cortège n'étant plus

---

(a) On a eu, il n'y a pas très-long-temps, les détails de la fin de ce fameux aventurier.

(b). Son voyage avoit aussi pour objet de se procurer des vivres qu'il nous envoya; il nous rejoignit quelque temps après, ainsi qu'on le verra dans la suite de ce Journal.

aussi nombreux, nous en fîmes plus de diligence. Après avoir passé la plaine où ce village est situé, nous rencontrâmes la Bolchaïa-reka sur laquelle nous voyageâmes pendant quelques heures; nous la suivîmes dans les sinuosités qu'elle décrit, tantôt au milieu d'une forêt, & tantôt au pied des hautes & arides montagnes dont ses bords sont hérissés. A quinze verstes de Malkin, nous quittâmes cette rivière dont le courant commençoit à soulever les glaces rompues en plusieurs endroits, & à peu de distance de cet ostrog, nous traversâmes la Bistraïa pour nous y rendre; il étoit près de deux heures après midi lorsque nous y arrivâmes. Nous avions déjà fait soixante-quatre verstes depuis Apatchin; mais n'ayant point de relais, nous fûmes obligés de nous arrêter, afin de donner à nos chiens le temps de se reposer.

Le toyon de Malkin vint aussitôt au devant de M. le commandant lui offrir son isba; il y avoit fait d'assez grands

1787,
Janvier.
Le 29.

Arrivée à Malkin.

préparatifs pour nous recevoir, ce qui nous détermina à y paſſer la nuit : il nous rendit tous les honneurs poſſibles & nous traita de ſon mieux ; mais plus nous eûmes à nous louer de ſes ſoins & de ſa bonne volonté, plus je regrettai qu'il ne ſe fût pas autant occupé de notre repos, en veillant à ce que rien ne pût l'interrompre. Le mien fut cruellement troublé par le voiſinage de nos courſiers, auquel je n'étois pas encore fait ; les hurlemens aigus & continuels de ces maudits animaux ſembloient être à mon oreille, & ne me permirent pas de fermer l'œil de toute la nuit. Il faut avoir entendu cette muſique nocturne, la plus déſagréable que je connoiſſe, pour ſe figurer tout ce que j'ai eu à ſouffrir pour m'y accoutumer, car dans le cours de mon voyage je fus bien forcé d'apprendre à dormir à ce bruit ; heureuſement le corps ſe fait à tout. Après quelques mauvaiſes nuits, accablé par le ſommeil, je finis par ne plus rien entendre, & peu-à-peu je m'aguerris tellement contre les cris de ces animaux, que même au milieu d'eux je dormois avec la plus parfaite tranquillité. J'obferverai ici, qu'on ne donne à manger à ces chiens qu'à la fin de la courfe ou de la journée ; cet unique repas confifte ordinairement en un faumon féché, qu'on diftribue à chacun d'eux.

L'oftrog de Malkin reffemble à tous ceux que j'ai vus & que j'ai déjà décrits : il contient cinq à fix ifbas & une quinzaine de balagans ; il eft fitué fur le bord de la Biftraïa, & environné de hautes montagnes. Je n'eus pas le temps d'aller reconnoître des fources chaudes qu'on me dit être dans le voifinage ; on m'ajouta qu'elles avoient une forte odeur de foufre, & qu'une, entr'autres, fe trouvoit fur le penchant d'une colline, au pied de laquelle elle formoit une mare d'eau affez limpide.

De Malkin, nous allâmes à Ganal qui en eft éloigné de quarante-cinq verftes, mais nous ne pûmes faire ce chemin auffi

1787, Janvier. Le 29.

Oftrog de Malkin.

Le 30. Détour forcé.

vîte que nous l'avions efpéré. La Biftraïa n'étoit pas entièrement prife ; il nous fallut faire un détour & prendre à travers les bois, où la neige ayant beaucoup d'épaiffeur & peu de folidité, nos chiens enfonçoient jufqu'au ventre & fe fatiguoient exceffivement ; cela nous contraignit d'abandonner cette route & de diriger notre marche vers la Biftraïa. Nous la retrouvâmes à dix verftes de Ganal, telle que nous pouvions la defirer pour notre fûreté ; la denfité de la glace nous promettoit un paffage facile & nous nous empreffâmes d'en profiter ; nous fuivîmes cette rivière jufqu'à ce village qui tient à fa rive. Quatre ifbas & onze balagans compofent cet oftrog où je ne vis rien de remarquable.

A Ganal. Nous y apprîmes feulement que les ouragans avoient été des plus terribles & qu'ils s'y faifoient encore fentir, à la vérité avec moins de force. Il n'eft pas difficile de donner la raifon de la violence de ces tempêtes ; les hautes montagnes des

des environs forment autant de gorges où le vent s'engouffre; moins il trouve d'iſſues, plus il acquiert d'impétuoſité: il cherche à s'ouvrir un paſſage, il ſaiſit le premier qui ſe préſente, s'échappe en tourbillons, rejette la neige dans les chemins, & les rend le plus ſouvent impraticables.

Après avoir paſſé une aſſez mauvaiſe nuit dans la maiſon du toyon de Ganal, nous en partîmes avant le jour pour nous rendre à Pouſchiné. La diſtance entre ces deux oſtrogs eſt de quatre-vingt-dix verſtes, & cependant nous fîmes ce trajet en quatorze heures : mais la dernière moitié du chemin fut très-pénible; la voie n'étant pas frayée, nos traîneaux enfonçoient à deux & trois pieds dans la neige ; & les cahots étoient ſi fréquens, que je me trouvai heureux de m'en tirer, & de n'avoir verſé qu'une fois. A juger de la direction de la neige par la quantité qui couvroit une partie des arbres, il nous parut qu'elle étoit

*Partie I.*ʳᵉ L

1788, Janvier. Le 30.

Le 31. Journée très-pénible.

tombée par des vents de nord & avec une abondance extraordinaire, ce qui nous fut confirmé par les gens du pays. Nous voyageâmes conftamment dans une forêt de bouleaux, & pendant quelque temps nous perdîmes de vue la chaîne des montagnes que nous avions cotoyées la veille ; mais en approchant davantage de Pouſchiné, je ne tardai pas à la revoir.

A Pouſchiné.

La Kamtſchatka paſſe au pied de cet oſtrog, plus étendu que celui de Ganal. La ſeule choſe que j'aie obſervé ici, c'eſt que les iſbas y ſont ſans cheminée ; ils n'ont, comme les balagans, qu'une étroite ouverture pratiquée dans le comble ; c'eſt l'unique iſſue qu'on laiſſe à la fumée, encore la ferme-t-on promptement par le moyen d'une trappe, afin de concentrer la chaleur. Lorſqu'on chauffe ces appartemens, il n'eſt guère poſſible d'y reſter ; il faut en ſortir ou s'y coucher par terre, ſi l'on ne veut pas riſquer d'être étouffé ou au moins aveuglé par la fumée : elle ne prend pas toujours directement le chemin

Iſbas ſans cheminée.

du toit ; à mesure qu'elle s'élève, elle se répand dans la chambre en nuage épais & noirâtre ; & comme il est rare qu'on lui donne le temps de se dissiper tout-à-fait, l'intérieur de ces isbas est pour l'ordinaire tapissé d'un enduit de suie qui se fait sentir dès l'entrée, & dont l'aspect est vraiment repoussant.

Mais il inspire encore moins de dégoût que l'odeur infecte qu'exhale une lampe lugubre qui éclaire toute la maison; la forme en est des plus grossières, c'est tout bonnement un caillou concave ou une pierre creusée, d'où sort un chiffon de toile roulé en guise de mèche, autour de laquelle on met force graisse de loup marin ou d'autres animaux. Dès que cette mèche est allumée, vous vous voyez tout d'un coup environné d'une sombre vapeur, qui ne contribue pas moins que la fumée à tout noircir ; elle vous prend au nez & à la gorge, & va jusqu'au cœur. Ce n'est pas la seule mauvaise odeur qu'on respire dans ces habitations, il en est une autre

1788, Janvier. Le 31.

Lampe Kamtschadale.

bien plus fétide, selon moi, car je n'ai pu m'y faire; ce sont les exhalaisons nauséabondes que répand le poisson séché ou pourri, soit lorsqu'on le prépare ou qu'on le sert, soit même après qu'on l'a mangé: les restes sont destinés aux chiens; mais avant qu'ils les obtiennent, tous les coins de l'appartement en ont été balayés.

Au surplus, le spectacle que vous offrent les individus dans l'intérieur de ces maisons, est bien tout aussi dégoûtant. Ici, c'est un grouppe de femmes luisantes de graisse & vautrées par terre sur un tas de haillons: celles-ci donnent à teter à leurs enfans à demi-nus & barbouillés de la tête aux pieds; celles-là dévorent avec eux quelques morceaux de poisson tout cru & le plus souvent pourri; plus loin, vous en voyez d'autres, dans un négligé qui n'est pas moins sale, couchées sur des peaux d'ours, babillant entr'elles ou toutes à la fois, & travaillant à divers ouvrages de ménage en attendant leurs époux.

Heureusement les maisons des toyons

étoient aussi bien nettoyées qu'elles pouvoient l'être, pour recevoir M. Kasloff, qui eut toujours l'attention de m'y faire loger avec lui.

1788, Janvier. Le 31.

Nous couchâmes chez celui de Pouschiné, & nous partîmes le lendemain de très-bonne heure; nous ne pûmes faire dans cette journée que trente-quatre verstes. Il sembloit que plus nous avancions & plus les chemins se trouvoient obstrués par les neiges. Mes deux conducteurs étoient sans cesse occupés à tenir mon traîneau en équilibre pour l'empêcher de verser ou de sortir de la voie; il leur falloit faire en outre des efforts de poitrine extraordinaires pour encourager les chiens, qui souvent s'arrêtoient malgré les coups qu'on leur distribuoit avec autant d'adresse que de profusion. Ces pauvres animaux, dont la vigueur est inconcevable, avoient toutes les peines du monde à se dépêtrer de cette neige qui les recouvroit à mesure qu'ils s'en dégageoient; il falloit l'aplanir

Février. Le 1.er Chemins remplis de neiges; exercice fatigant de mes conducteurs.

pour les aider à s'en tirer, c'étoit encore là un des soins de mes guides ; pour se soutenir sur la neige, ils avoient chacun une raquette à un pied, & glissoient ainsi en posant l'autre par momens sur le patin du traîneau. Je doute qu'il y ait un exercice plus fatigant, & qui demande plus de force & d'habitude.

L'ostrog de Charom, où nous eûmes le bonheur de nous rendre, est situé sur la Kamtschatka ; il ne me fournit aucune observation. Nous y passâmes la nuit, & avant le jour nous en étions dehors.

En sept heures nous atteignîmes Vercknei-Kamtschatka, qui est à trente-cinq verstes de Charom. Vercknei est très-considérable en comparaison des autres villages que j'ai déjà vus ; je comptai dans celui-ci plus de cent maisons : sa position est commode & le site m'en parut assez varié. Voisin de la rivière *(c)*, cet ostrog

---

(c) La Kamtschatka, qui dans cet endroit n'étoit pas encore prise.

a de plus l'avantage d'avoir à sa proximité des bois & des champs, dont le sol est très-bon, & que ses habitans commencent à mettre à profit. L'église est en bois; sa construction n'est point désagréable : il seroit à desirer seulement que le dedans répondît au dehors. Quant aux habitations, elles ne diffèrent en rien de celles des autres villages. Pour la première fois je vis ici des espèces de bâtimens de la hauteur à peu-près des balagans, & qui ne servent qu'à faire sécher le poisson. Un sergent commande à Vercknei; il demeure dans une maison appartenante à lac ouronne.

Ce village est aussi le lieu de la résidence du malheureux Ivaschkin, dont j'ai raconté l'histoire à mon départ de Saint-Pierre & Saint-Paul *(d)*; il étoit de notre caravane, & ne nous quitta que pour nous devancer à Vercknei, où son premier soin en arrivant, fut de faire

---

(d) Voyez la page 20.

tuer un de ses bœufs qu'il nous pria d'accepter pour notre route, comme une marque de sa reconnoissance. Ce procédé justifia l'intérêt que m'avoit déjà inspiré cet infortuné gentilhomme, dont le seul aspect m'a fait plus d'une fois gémir sur son sort; je ne concevrois pas comment il a pu s'y accoutumer, s'il n'avoit pas eu le sentiment de son innocence, qui seul a pu lui donner cette force d'esprit. A notre arrivée à Vercknei, nous allâmes le voir chez lui : il y étoit à boire gaîment avec quelques-uns de ses voisins; sa joie étoit franche, & n'annonçoit nullement un homme sensible à ses malheurs passés, ni ennuyé de son état présent.

Nous ne restâmes que peu de temps à Vercknei; nous nous remîmes en route après dîner pour aller à quinze verstes plus loin coucher à Milkovaïa-Derevna, ou autrement au village de Milkoff. Chemin faisant, nous trouvâmes d'abord un champ assez spacieux entouré de palissades, & plus loin un *zaimka*, c'est-à-dire, un hameau habité par des laboureurs ; ce font des Cofaques ou foldats Ruffes deftinés à la culture des terres qu'ils font valoir pour le compte du gouvernement. Ils ont quatre-vingts chevaux appartenant à la couronne, & qui fervent tant au labourage qu'au haras établi en ce lieu pour la propagation de ces animaux fi utiles & fi rares dans la prefqu'île. A environ cinq cents pas de ce hameau, dont le nom eft Tfchigatchi, on découvre fur un bras de la Kamtfchatka, un moulin à eau conftruit en bois, mais peu confidérable. On ne pouvoit alors en tirer aucun fecours ; la crue d'eau avoit été fi forte qu'elle avoit franchi l'éclufe, & s'étoit répandue dans une partie de la plaine où elle s'étoit glacée. Le terrain me parut en cet endroit d'une très-bonne qualité, & les environs fort agréables. Je queftionnai quelques-uns de ces Cofaques fur les productions de leur canton, où il me fembloit que toutes fortes de blés devoient réuffir à merveille; ils me répondirent qu'en effet la récolte dernière & la nature du grain avoient passé leurs espérances, & que celui-ci ne le cédoit en rien au plus beau de Russie: deux pouds de grain en avoient produit dix.

Habitans de Milkoff.

Arrivé à Milkoff, je fus étonné de ne voir ni Kamtschadales, ni Cosaques; mais une peuplade intéressante de paysans, dont les traits & l'abord indiquent qu'il n'y a point eu parmi eux mélange de races. Cette peuplade fut choisie en 1743, moitié en Russie & moitié en Sibérie, parmi les habitans primitifs, c'est-à-dire, parmi les cultivateurs; en l'envoyant dans cette péninsule, l'administration eut pour but le défrichement des terres & des essais en agriculture, dans l'espérance que l'exemple & les succès de cette colonie de laboureurs, pourroient instruire les naturels du pays, & les déterminer à se livrer davantage à cette noble & essentielle occupation. Malheureusement leur insouciance extrême, que j'ai déjà fait connoître, a mal répondu aux vues sages du gouvernement; ils sont encore loin non-seulement de se piquer d'émulation, mais même de songer à profiter des leçons qu'ils ont sous les yeux. Cette funeste apathie des indigènes fait d'autant plus de peine à voir, qu'on ne peut s'empêcher d'admirer ces actifs émigrans dont les travaux ont eu des résultats si avantageux. Placées auprès de la Kamtschatka, leurs habitations annoncent une sorte d'aisance; ils ont des bestiaux qui m'ont paru en bon état : le soin qu'ils en prennent ne contribue pas peu à les faire prospérer. J'ai observé aussi qu'en général ces paysans avoient l'air fort contens de leur sort; ils ont, il est vrai, les jouissances de la propriété : tout est profit pour eux & rien n'est peine; chacun laboure, ensemence son champ; & tenu seulement à payer sa capitation, chacun recueille librement le fruit de ses sueurs, dont un sol fertile le récompense avec usure. Je suis persuadé qu'on en tireroit encore un meilleur parti, si les cultivateurs y étoient en plus grand nombre. La récolte consiste principalement en seigle, & en orge en moindre quantité. Cette peuplade est de plus exempte de chasse; le gouvernement a porté l'attention jusqu'à la défendre, pour que ces colons fussent tout entiers à leurs travaux, & que rien ne pût les en distraire : j'ai su cependant qu'ils ne respectent pas trop cette défense. Leur chef est un *staroste* nommé par l'administration, qui le choisit parmi les vieillards du village, comme l'indique son nom : il est chargé de veiller aux progrès de l'agriculture; il préside aux semailles, aux moissons, en fixe les époques précises; enfin il doit stimuler la négligence ou encourager le zèle des travailleurs, & surtout maintenir entr'eux l'esprit de l'établissement & la bonne intelligence.

Voulant aller à Machoure, passer un jour avec M. le baron de Steinheil, je quittai M. le commandant à Milkoff, & j'en partis environ vingt-quatre heures avant lui, afin de ne point l'arrêter dans sa marche. Pour aller plus vîte, j'avois pris un petit traîneau : mais de ce côté les chemins n'étoient pas moins remplis de neige ni moins difficiles ; de sorte que malgré ma précaution, il me fut impossible de faire la diligence que j'avois projetée. Le premier ostrog que je trouvai sur ma route, est Kirgann. Avant d'y arriver, je passai devant un certain nombre de balagans & de maisons qui me parurent abandonnées, mais on me dit que l'été y rappeloit chaque année les propriétaires. Le peu d'habitations qui composent le village de Kirgann, sont bâties sur le bord d'une rivière appelée Kirganik ; celle-ci est formée par plusieurs sources qui sortent des montagnes voisines, & dont les différens rameaux se rejoignent au-dessus de cet ostrog, éloigné de Milkoff de quinze verstes.

Le froid étoit si rigoureux, que malgré la précaution que j'avois prise de me couvrir le visage d'un mouchoir, j'eus en

1788.
Février.
Le 3.

Ostrog de Kirgann.

1788.
Février.
Le 3.

moins d'une demi-heure les joues gelées; mais j'eus recours au remède ordinaire; je me frottai le visage avec de la neige, & j'en fus quitte pour une douleur cuisante pendant quelques jours. A l'instant où ma figure se geloit ainsi, mon corps éprouvoit l'effet contraire. Je conduisois moi-même mon traîneau; le mouvement continuel qu'exige cet exercice, joint à la pesanteur de mes vêtemens Kamtschadales *(e)*, me

(e) Mon ajustement mérite une description particulière : on jugera qu'il ne me donnoit pas l'air fort ingambe. Habituellement je ne portois qu'une simple parque de renne & un bonnet fourré qui me cachoit, au besoin, & les oreilles & une partie des joues. Le froid devenoit-il plus vif, j'ajoutois à ce vêtement deux *kouklanki*, espèce de parques plus larges & d'une peau plus épaisse; l'une avoit le poil en dedans, & l'autre en dehors. Dans les froids excessifs, je passois par dessus tout cela une troisième kouklanki plus grossière, de peau de chien ou d'argali; le côté du poil est toujours dessous, & le cuir ou la superficie extérieure de la peau est teint en rouge. A ces kouklankis on adapte par devant une petite bavette, qui se relève pour défendre la figure contre le vent : en outre, elles ont chacune par derrière un capuchon fourré qui

procura une transpiration des plus abondantes, & qui me fatigua extrêmement. Néanmoins je ne m'arrêtai point à Kir-

tombe sur les épaules; parfois ces trois capuchons les uns sur les autres, faisoient ma coiffure, je les mettois même par dessus mon bonnet ordinaire. Mon cou étoit garanti par une cravatte de martre, ou de queues de renard, appelée *ocheinik*, & mon menton par une mentonnière de martre pareillement, qui s'attachoit sur ma tête. Le front étant une partie très-sensible au froid, on le couvre d'une bande de loutre ou de zibeline, recouverte ensuite par le bonnet. Mes culottes fourrées me donnoient beaucoup plus de chaleur que le reste de ma chaussure, toute compliquée qu'elle étoit. J'avois doubles chaussures de peau de renne, poil en dedans & en dehors; leur nom au Kamtschatka est *tchigi*. Je passois ensuite mes jambes dans des *torbassi* ou bottes de pied de renne, garnies en dedans d'une semelle de *tonnchitcha*, herbe très-molle, qui a la propriété d'entretenir la chaleur. Malgré ces précautions, au bout de deux ou trois heures de marche, j'avois les pieds fort humides, soit par la transpiration, soit par l'introduction insensible de la neige; & pour peu que je restasse immobile sur mon traîneau, je les sentois aussitôt glacés. Le soir je quittois cette chaussure, & mettois pour la nuit une large paire de bas fourrés de peau de renne ou d'argali, appelés *ounti*.

gann. A quelques verstes plus loin je découvris dans le nord-est un volcan qui ne jetoit point de flammes ; mais il s'en élevoit une colonne de fumée très-épaisse. J'aurai occasion d'y revenir bientôt, & d'en parler plus au long. Je remarquai auprès de Machoure, un bois de sapin assez touffu, & le premier que j'eusse encore trouvé au Kamtschatka ; les arbres en sont droits, mais très-minces. A deux heures après midi, j'entrai dans l'ostrog de Machoure, situé sur la Kamtschatka, à trente-sept verstes de Kirgann.

Séjour à Machoure chez M. le baron de Steinheil.

Je descendis chez M. le baron de Steinheil, ancien capitaine ispravnick, ou inspecteur du Kamtschatka, place donnée depuis à M. Schmaleff. J'avois fait connoissance avec lui auprès de Bolcheretsk, & j'avois été charmé de parler avec lui plusieurs langues, particulièrement celle de ma patrie, quoiqu'elle ne lui fût pas très-familière ; mais c'étoit du françois, & je croyois voir en lui un compatriote. Quiconque a quitté l'Europe pour

pour voyager dans des contrées aussi éloignées, a dû le sentir comme moi; on se croit concitoyen de celui qui a pour patrie le même continent ou qui parle la même langue. La moindre chose qui nous rappelle notre pays, nous cause le plaisir le plus vif; notre cœur s'élance vers l'ami, vers le frère qu'il nous semble retrouver; dans l'instant nous sommes portés à la confiance. J'éprouvai cette délicieuse sensation à la vue de M. Steinheil; sa conversation eut pour moi dès le premier moment, un attrait irrésistible. J'eus le besoin de le voir, de causer avec lui; j'y trouvois un charme inexprimable, bien que son françois, comme je l'ai dit, fût des plus irréguliers, & qu'il le prononçât avec l'accent germanique. Je passai avec M. Steinheil la journée du 4, & le soir je vis arriver M. Kasloff, ainsi qu'il m'en avoit prévenu.

1788, Février. Le 3. A Machoure.

L'ostrog de Machoure, avant l'introduction de la petite vérole, étoit un des plus considérables de la presqu'île; mais

Le 4. Ostrog de Machoure.

1788, Février. Le 4. A Machoure. Nouveaux détails sur les chamans.

les ravages qu'y a faits cette cruelle épidémie, ont réduit le nombre des habitans à vingt familles.

Tous les Kamtschadales de ce village, tant hommes que femmes, sont tous des chamans ou croyent aux sortiléges de ces prétendus magiciens. Les uns & les autres redoutent à l'excès les popes ou prêtres Russes, pour lesquels ils ont une haine parfaite; aussi cherchent-ils toujours à esquiver leur rencontre : quelquefois cela leur est impossible; alors ils ont soin de se masquer lorsqu'ils les voyent à leur portée, & ils se sauvent le plus vîte qu'ils peuvent. J'attribue cette crainte que leur inspire la vue des prêtres, au zèle ardent que ceux-ci ont montré, sans doute, pour l'extinction de l'idolatrie, & que ces Kamtschadales traitent de persécution; ils regardent en conséquence ces ministres de la religion comme leurs plus grands ennemis : peut-être sont-ils fondés à croire qu'en voulant les convertir, ces missionnaires n'ont pas eu seulement pour but de renverser leurs idoles. Ces popes ne leur donnèrent pas vraisemblablement l'exemple des vertus qu'ils leur prêchoient sans les connoître. En effet, on prétend qu'ils songèrent moins à faire des néophytes qu'à acquérir des biens, & sur-tout qu'à satisfaire le penchant qui les porte à s'enivrer le plus souvent possible. Il ne faut donc pas s'étonner si ces habitans tiennent encore à leurs anciennes erreurs. Ils rendent toujours un culte secret à leur dieu Koutka *(f)* ; ils ont une telle confiance en lui, qu'ils lui adressent exclusivement leurs prières lorsqu'ils entreprennent quelque chose ou qu'ils desirent obtenir quelque bien. Vont-ils à la chasse, ils s'abstiennent de se laver & se gardent bien de faire aucun signe de croix; ils invoquent leur Koutka, puis la première martre ou le premier animal qu'ils peuvent prendre, ils l'offrent aussitôt à ce dieu, persuadés qu'après cet acte de dévotion, leur chasse

---

(f) On en trouve dans Steller la description fidèle.

doit être des plus heureuses ; ils imaginent au contraire qu'en se signant, ils s'exposeroient à ne rien attraper. Il entre encore dans leur superstition de consacrer à leur Koutka leurs enfans nouveau-nés, qu'ils destinent, au sortir du berceau, à devenir des chamans. La vénération qu'ils ont en ce village pour ces sorciers ne peut se concevoir ; elle tient du délire & fait vraiment pitié ; car les extravagances avec lesquelles ceux-ci entretiennent la crédulité de leurs compatriotes, sont si bizarres & si ridicules, qu'on est moins tenté d'en rire que de s'en indigner. Aujourd'hui, à la vérité, ils ne professent pas leur art ouvertement, ils ne mettent plus le même éclat à leurs sortiléges ; leurs habits ne sont plus garnis d'anneaux mystérieux ni de diverses figures symboliques de métal qui se choquoient avec bruit au moindre mouvement de leurs corps ; ils ont pareillement renoncé à une espèce de chaudron *(g)* sur lequel ils

_____

(g) Cette manière de tambour de basque se

frappoient en cadence dans leurs prétendus enchantemens, ou pour annoncer leur venue ; enfin, ils ont abandonné tous les instrumens magiques. Voici à peu-près à quoi se bornent à présent leurs cérémonies dans leurs assemblées, qu'ils ont soin de tenir en secret, mais qui n'en sont pas moins suivies. Qu'on se figure un cercle de spectateurs stupidement attentifs & rangés autour du sorcier, ou de la sorcière ; car, comme je l'ai dit, les femmes sont aussi initiées aux mystères des chamans : tout-à-coup celle-ci ou celui-ci se met à chanter, ou plutôt à pousser des sons aigus, sans mesure ni signification ; la docile assemblée lui répond sur le même ton, ce qui forme le concert le plus dissonant & le plus insupportable. Peu-à-peu le chaman s'anime ; il commence à danser aux accens confus de son auditoire, qui s'enroue & s'exténue dans l'excès de sa ferveur &

─────────

nommoit *bouken*; il est encore en usage chez les Yakoutsk, comme on le verra dans la suite.

de son admiration; la danse devient plus vive à mesure que l'esprit prophétique se fait sentir au ministre du dieu Koutka. Semblable à la Pythonisse sur le trépied, il roule des yeux hagards & furieux; tous ses mouvemens sont convulsifs; sa bouche se tord, ses membres se roidissent: il n'est, pour tout dire, sorte de contorsion ni de grimace qu'il n'invente & n'exécute, au grand saisissement de tous les assistans. Après avoir fait ces simagrées pendant quelque temps, il s'arrête soudain comme inspiré; son délire devient aussi calme qu'il étoit agité: il n'y a plus ni fureur ni transport; c'est le recueillement sacré de l'homme, tout plein du Dieu qui le domine, & qui va parler par sa voix. Surprise & tremblante, l'assemblée se tait aussitôt, dans l'attente des merveilles qui vont lui être révélées. Elle entend sortir alors de la bouche du soi-disant prophète des mots sans suite que le fourbe laisse échapper par intervalles; il débite ainsi tout ce qui lui passe par la tête, & c'est toujours l'effet de l'infpiration du Koutka. L'orateur accompagne ordinairement fon difcours ou d'un torrent de larmes ou de grands éclats de rire, fuivant le bien ou le mal qu'il annonce, & fes geftes expreffifs varient conformément à fes fenfations *(h)*. Ces détails fur les chamans m'ont été procurés par des gens dignes de foi, & qui avoient trouvé moyen d'affifter à leurs impertinentes révélations.

On nous confirma à Machoure ce qu'a-

1788, Février. Le 4. A Machoure.

Avis d'une révolte des Koriaques.

―――――――――――――――

(h) On pourroit dire qu'à cet égard les Chamans ont une forte d'analogie avec la fecte des Quakers. On fait que ces derniers ont également des prétentions à l'infpiration, & que ceux d'entr'eux qui, cédant à fon impulfion, prennent la parole dans leurs filencieufes affemblées, commencent prefque toujours par larmoyer piteufement, ou par donner des fignes d'une joie foudaine; au moins ces improvifateurs pérorent à tort & à travers fur la morale, dont ils croyent préfenter la quinteffence, au lieu que les harangueurs Kamtfchadales ne favent ce qu'ils difent, & n'employent ce myftique & perfide verbiage que pour fomenter l'idolatrie de leurs trop fimples auditeurs.

voit rapporté déjà à M. le commandant; un ingénieur nommé Bogénoff. Il avoit été envoyé dans les environs de la rivière de Pengina pour y choisir l'emplacement d'une ville & en tracer le plan, avec ordre de suivre ensuite la côte de l'ouest du Kamtschatka jusqu'à Tiguil, & de lever une carte exacte de son voyage. A son arrivée à Kaminoi *(i)*, il trouva, dit-il à M. Kasloff, une grande quantité de Koriaques révoltés qui vinrent en armes au-devant de lui, pour lui fermer le passage & l'empêcher de remplir sa mission. On nous ajouta ici qu'ils étoient au nombre de six cents, & que très-probablement ils ne nous laisseroient pas non plus continuer notre route. La perspective étoit triste, sur-tout pour moi, qui brûlois d'arriver à Okotsk, comme si ç'eût été le terme de mon voyage, ou que delà jusqu'en France, il n'eût dû me rester qu'une

_____

(i) Village situé sur le bord de la rivière de Pengina.

journée de chemin. Combien il étoit dur de penser que n'en ayant point d'autre que par ce village, nous ferions peut-être forcés de revenir sur nos pas ! l'idée seule m'en faisoit frissonner d'impatience. M. le commandant qui partageoit la mienne, jugea comme moi que nous ne devions pas nous arrêter à ces rapports : ils pouvoient n'être pas très-fidèles ; l'importance qu'y mettoient les historiens, l'air effrayé qui accompagnoit leurs récits, enfin les petites additions qu'on y faisoit chaque jour, tout nous engageoit à nous en défier. En conséquence, nous décidâmes qu'il falloit nous assurer par nous-mêmes de la vérité du fait, & aller en avant, sauf à recourir aux expédiens pour obtenir notre passage si ces rebelles s'y opposoient. Mais bientôt nous fûmes encouragés par l'arrivée d'un exprès adressé à M. Kasloff, & qui n'avoit rencontré nul obstacle dans sa route ; il nous assura que tout lui avoit paru tranquille ; or, il y avoit lieu de croire que, dans le cas contraire, il se seroit aperçu de quelques mouvemens, & qu'ainsi nous n'avions à craindre aucun empêchement dans notre marche.

Au point du jour je quittai donc M. le baron de Steinheil, avec autant de regret que de reconnoissance de son obligeant accueil, & de toutes les attentions qu'il eut pour moi pendant mon court séjour à Machoure *(k)*. J'y laissai en lui un homme

---

(k) Malgré tous mes soins, j'eus ici le malheur de voir mourir la martre zibeline que m'avoit donnée M. Kasloff. *Voyez page 56.* Aussitôt je la fis écorcher pour en conserver la peau.

Un de mes plaisirs avoit été d'observer ses habitudes. Son extrême vivacité lui rendoit sa chaîne insupportable ; souvent elle a cherché à se sauver ; elle y seroit infailliblement parvenue, si je n'eusse pas sans cesse veillé sur elle, & jamais je ne l'ai rattrapée, sans qu'elle ne m'ait fait quelques morsures. Elle mangeoit du poisson & préférablement de la viande, qui dans les bois fait la nourriture favorite des martres. Leur adresse à prendre les oiseaux, & à attaquer les animaux plus foibles qu'elles, est inconcevable. La mienne dormoit presque tout le jour, la nuit elle faisoit un tapage continuel, en s'agitant dans sa chaîne ; mais craintive à l'excès, lorsqu'elle voyoit venir quelqu'un, elle

vraiment intéressant par ses connoissances & ses qualités.

Nous fîmes dans cette journée soixante-six verstes en suivant la Kamtschatka, dont les glaces se trouvèrent par-tout solides & parfaitement unies ; je ne vis rien de remarquable sur ma route, ni dans le village de Chapina, où nous arrivâmes au soleil couchant.

Nous en partîmes le lendemain de bonne heure ; la neige nous incommoda fort ce jour-là ; la terre en étoit couverte, & son épaisseur rendoit notre marche fort difficile : nous voyageâmes presque toujours dans des bois très-touffus de sapins & de bouleaux. Vers la moitié du chemin, puis un peu plus loin, nous rencontrâmes deux rivières, dont une a environ trente

---

cessoit de faire du bruit, puis recommençoit dès qu'elle étoit seule. J'avois coutume de la faire sortir plusieurs fois dans la journée ; à peine étoit-elle sur la neige, qu'elle se terroit & fouilloit en dessous comme les taupes, se montrant de temps en temps pour se cacher aussitôt.

1788,
Février.
Le 6.
La grande & la petite Nikoulka.

toises de large : on la nomme la grande *Nikoulka*, & l'autre la petite. Formées toutes deux par des sources qui sortent des montagnes, elles se réunissent en ce lieu pour porter ensemble le tribut de leurs eaux à la Kamtschatka ; ni l'une ni l'autre n'étoient prises, j'en attribuai la cause à l'extrême rapidité de leur courant. L'endroit où je les passai est vraiment pittoresque ; mais ce que j'y trouvai de plus singulier, c'est que tous les sapins qui bordent en grand nombre ces rivières, y paroissoient des arbres de glace : un givre très-épais, produit peut-être par l'humidité du lieu, s'étoit attaché à chaque rameau & en blanchissoit toute la superficie.

Volcans de Tolbatchina & de Klutchefskaïa.

A quelque distance de Tolbatchina, nous traversâmes une lande, d'où je découvris trois volcans : aucun ne jetoit des flammes ; il en sortoit des nuages d'une fumée très-noire. Le premier, dont j'ai parlé plus haut en allant à Machoure, a son foyer dans les entrailles d'une montagne qui n'a pas exactement la forme conique; son sommet s'est aplati & semble peu élevé. On me dit que ce premier volcan s'étoit reposé pendant quelque temps, qu'on l'avoit même cru éteint, lorsque récemment il s'étoit tout-à-coup rallumé. Dans le nord-est de celui-ci se présente un pic, dont la pointe paroît être le cratère du second volcan, qui vomit sans cesse de la fumée, mais je n'y aperçus pas la moindre étincelle de feu. Le troisième s'offrit à moi dans le nord-nord-est du second; je ne pus l'observer comme je l'aurois souhaité, une assez haute montagne me le masquoit presqu'en totalité. Il emprunte son nom du village de Klutchefskaïa qui l'avoisine, & l'on m'annonça que j'en passerois très-près; les deux autres volcans tirent pareillement leur dénomination de l'ostrog de Tolbatchina, où nous entrâmes d'assez bonne heure. Ce village est situé sur la Kamtschatka, à quarante-quatre verstes de Chapina; il ne renferme rien d'extraordinaire. Nous y apprîmes en arrivant qu'on y avoit marié le matin deux

1788,
Février.
Le 6.

1788, Février. Le 6. Mariages prématurés au Kamtchatka.

Kamtchadales : je regrettai de n'avoir pas assisté à la cérémonie, qu'on me dit être à peu-près la même qu'en Russie. Je vis les nouveaux époux qui me parurent deux enfans ; je demandai leur âge : on me répondit que le marié n'avoit guère plus de quatorze ans & la mariée tout au plus onze. De semblables mariages passeroient pour prématurés par-tout ailleurs que dans l'Asie.

Voyage à Nijenei-kamtschatka.

J'avois une envie extrême de voir la ville de Nijenei-Kamtschatka, & depuis long-temps je songeois à la satisfaire ; j'aurois imaginé faire une faute impardonnable que de quitter cette péninsule sans en connoître la capitale. Je m'étois assuré d'ailleurs que ma curiosité à cet égard ne contrarioit pas ma résolution de voyager avec toute la célérité possible ; j'étois à la vérité contraint de faire un détour, mais il n'étoit pas assez long pour m'occasionner un grand retard. Ayant donc combiné ma marche avec celle de M. Kasloff, qui s'empressa de me procurer tous les moyens de faire ce voyage avec sûreté & agrément, je m'engageai à le rejoindre à l'ostrog de Yelofki, où ce commandant me dit qu'il comptoit paller plusieurs jours pour mettre ordre à diverses affaires de son administration.

1788. Février. Le 6.

Pour moins perdre de temps, je pris congé de lui le soir même de notre arrivée à Tolbatchina; mais les chemins étoient encore plus mauvais que tous ceux par lesquels nous avions déja passés. J'eus toutes les peines à arriver au point du jour à Kosirefski, village éloigné de Tolbatchina de soixante-six verstes.

Je quitte M. Kasloff à Tolbatchina.

Je ne m'y arrêtai point; j'étois fier d'avoir surmonté heureusement tous les dangers que j'avois courus pendant la nuit au milieu de ces affreux chemins *(i)*. Je crus n'avoir rien à craindre dans le jour; je poursuivis ma route avec une

Le 7. Événemens dans mon voyage à Nijeneikamtschatka.

_____

(i) Je sus ensuite que le traîneau de M. Kasloff, qui y passa en plein jour, manqua d'y être mis en pièces, ayant heurté contre un arbre, & que dans le choc, deux de ses conducteurs furent blessés.

1788, Février. Le 7.

sorte de sécurité dont je ne tardai pas à être puni. Après avoir fait un assez grand nombre de verstes sur la Kamtschatka, que je fus charmé de retrouver, & dont j'admirai la largeur en cet endroit, je fus obligé de la quitter pour entrer dans une gorge où la neige apportée par les ouragans, présentoit une surface inégale & trompeuse; il étoit impossible de voir ni d'éviter les écueils qui m'environnoient. J'entendis bientôt un craquement qui m'annonça quelque fracture dans mon traîneau; en effet, un patin s'étoit partagé en deux : j'aidai mes guides à le rajuster tant bien que mal, & nous eûmes le bonheur de gagner Ouchkoff sans autre accident. Il étoit minuit lorsque nous y entrâmes, ayant fait dans cette journée soixante-six verstes; mon premier soin fut de faire raccommoder mon traîneau, ce qui me retint jusqu'au lendemain.

Ostrog d'Ouchkoff.

Il y a dans ce village un isba & onze balagans; le nombre de ses habitans se réduit à cinq familles qui sont partagées

en

en trois yourtes. Dans le voisinage de cet ostrog se trouve un lac très-poissonneux, où les villages des environs viennent faire leurs approvisionnemens ; il est aussi d'une grande ressource pour la capitale, qui, sans les pêches qu'on y fait pour elle, manqueroit souvent de poisson qu'on sait être par-tout l'aliment de première nécessité.

Je partis d'Ouchkoff de grand matin, & à midi j'avois déjà fait quarante-quatre verstes, partie sur la Kamtschatka, & partie à travers des landes très-vastes. Le premier village que je rencontrai fut Krestoff ; il me parut un peu plus considérable que le précédent, mais du reste parfaitement semblable à tous les autres : je n'y restai que le temps de prendre d'autres chiens. Jusque-là j'avois suivi la route que devoit tenir M. Kasloff pour aller à Yelofki ; mais au lieu de me rendre comme lui à Khartchina, je dirigeai ma marche en sortant de Krestoff, vers le village de Klutchefskaïa, qui en est éloigné de trente verstes.

1788.
Février.
Le 8.

Volcan de Klutchefskaïa.

Habitans de Klutchefskaïa.

Le temps qui depuis notre départ d'Apatchin, avoit toujours été très-beau & très-froid, changea tout-à-coup dans l'après-midi ; le ciel se couvrit de nuages, & le vent qui s'éleva de la partie de l'ouest, nous donna de la neige en abondance. Elle nous incommoda extrêmement, sur-tout pour considérer le volcan de Klutchefskaïa, que j'avois aperçu en même temps que ceux de Tolbatchina. Autant qu'il me fut possible d'en juger, la montagne qui le couve en son sein, est beaucoup plus élevée que les deux autres; celui-ci vomit continuellement des flammes, qui semblent sortir du milieu des neiges dont la montagne est couverte jusqu'au sommet.

A la nuit tombante, je parvins au village de Klutchefskaïa. Ses habitans sont tous des paysans Sibériens, tirés des environs de la Léna, & envoyés dans ces contrées pour la culture des terres, il y a environ cinquante ans. Le nombre des mâles tant hommes qu'enfans, ne monte à guère plus de cinquante : la petite vérole n'y frappa que ceux d'entr'eux qui ne l'avoient pas encore eue ; mais elle en enleva plus de la moitié. Ces laboureurs n'ont pas été moins heureux que ceux des environs de Vercknei-Kamtfchatka : leur récolte & la qualité du grain, tant feigle qu'orge, ont cette année furpaffé leur attente. Ces payfans ont beaucoup de chevaux à eux appartenant ; quelques-uns cependant font à la couronne.

Cet oftrog eft affez grand ; il le paroît encore davantage étant féparé en deux parties, dont l'une eft à environ quatre cents pas de l'autre. Il s'étend fur-tout de l'oueft à l'eft : c'eft dans ce dernier air de vent qu'eft placée l'églife ; elle eft bâtie en bois, & dans le goût de celles de Ruffie. La plupart des habitations font des ifbas mieux conftruits & plus propres que tous ceux que j'ai vus jufqu'à préfent ; il y a auffi des magafins fpacieux. Les balagans y font en très-petit nombre, & encore ne reffemblent-ils point à ceux

1788. Février. Le 8.

Oftrog de Klutchelfkaïa.

des Kamtfchadales; ils ont une forme oblongue; & leur toit, qui a la pente des nôtres, pofe fur des poteaux qui le foutiennent en l'air.

La Kamtfchatka paffe au pied de cet oftrog, & n'eft jamais prife tout-à-fait en cet endroit; elle déborde fréquemment pendant l'été: l'eau monte & pénètre parfois dans les maifons, bien qu'elles foient toutes fur la hauteur.

A quatre verftes dans l'eft de l'églife de Klutchefskaïa, eft encore un autre *zaïmka* ou petit hameau habité par des Cofaques ou foldats laboureurs, dont la récolte appartient au gouvernement; mais je ne pus, pour l'aller voir, me déterminer à faire ce détour.

Je ne m'arrêtai que fort peu de temps à Klutchefskaïa; l'impatience que j'avois de voir Nijenei me fit partir le foir même pour me rendre à Kamini, oftrog Kamtfchadale, à vingt verftes plus loin. J'y arrivai vers le milieu de la nuit, & ne fis que le traverfer.

Avant le jour j'étois à Kamokoff, à vingt verstes de Kamini; bientôt j'atteignis Tchokofskoï ou Tchoka, ayant fait encore mes vingt-deux verstes. Delà jusqu'à Nijenei, il ne m'en restoit plus que vingt-deux, & ce trajet fut également pour moi l'affaire de quelques heures; j'eus le plaisir d'entrer avant midi dans cette capitale du Kamtschatka qu'on découvre de très-loin, mais dont l'aspect n'est ni imposant ni agréable.

Il ne présente qu'un amas de maisons dominées par trois clochers, & situées au bord de la Kamtschatka, dans un bassin formé par une chaîne de montagnes qui s'élèvent à l'entour, mais qui en sont cependant à une assez grande distance. Telle est la position de la ville de Nijenei, dont j'avois une plus haute idée avant de l'avoir vue. Toutes ces maisons qu'on me dit être au nombre de cent cinquante, sont en bois, d'un très-mauvais goût, petites, & avoient de plus alors le désagrément d'être ensevelies

1788, Février. Le 9. A Nijenei-Kamtschatka.

sous la neige qu'y avoient amoncelée les ouragans ; ils ont régné sans interruption de ce côté, & n'ont cessé que depuis peu de jours. Il y a deux églises à Nijenei : l'une est dans la ville & a deux clochers ; l'autre, dépendante du fort, est enclavée dans son enceinte : ces deux bâtimens sont d'une construction choquante. Le fort est presqu'au centre de la ville ; il consiste en une palissade assez vaste, de forme carrée. Outre l'église dont je viens de parler, cet enclos renferme encore les magasins, l'arsenal & le corps-de-garde ; un factionnaire en défend l'entrée jour & nuit. La maison du commandant de la place, M. le major Orléankoff, est auprès de la forteresse : à la grandeur près, cette maison ressemble aux autres ; elle n'est ni d'un meilleur goût, ni plus haute.

Je descendis chez un malheureux exilé nommé *Snafidoff*, qui presque dans le même temps avoit subi le même sort qu'Ivaschkin, mais pour des causes différentes: il est, ainsi que lui, relégué au Kamtschatka depuis l'année 1744.

1788, Février, Le 9. A Nijenei-Kamtschatka.

A peine y étois-je, que j'y reçus la visite d'un officier que M. Orléankoff m'envoya pour me faire compliment sur mon heureuse arrivée ; il fut suivi de plusieurs des principaux officiers de la ville, qui vinrent tour-à-tour m'offrir leurs services le plus obligeamment du monde. Je leur témoignai combien j'étois sensible à leurs honnêtetés ; mais dans le fond je souffrois de voir qu'ils m'eussent prévenu : aussi dès que je fus habillé, je m'empressai d'aller faire à chacun mes remercîments. Je commençai par M. le major Orléankoff ; je le trouvai dans les apprêts d'une fête qu'il devoit donner le lendemain à l'occasion du mariage d'un Polonois attaché au service de Russie, avec la nièce du protapopé ou archiprêtre. Il eut non-seulement la politesse de m'inviter à cette noce dont il faisoit tous les frais, mais encore il eut l'attention de venir me voir le lendemain dès le matin, & de m'emmener

1788,
Février.
Le 10.

Fête donnée par M. le major Orléankoff.

avec lui, pour que je ne perdiffe rien de ce spectacle, qu'il jugeoit avec raifon fufceptible de m'intéreffer.

Cependant, ce qui m'en frappa davantage, ce fut la févérité du cérémonial. La diftinction des rangs m'y parut obfervée avec la plus fcrupuleufe délicateffe : les complimens & les façons d'ufage, toutes ces froides civilités donnèrent à l'ouverture de cette fête un certain air guindé, qui promettoit plus d'ennui que de gaîté. Le repas fut des plus magnifiques pour le pays : j'y vis fervir entr'autres mets un grand nombre de diverfes foupes ; elles étoient accompagnées de viandes froides dont on mangea d'abord beaucoup. Au fecond fervice, nous eûmes le rôti & de la pâtifferie ; mais tout cela annonçoit moins de fenfualité que de profufion. Les boiffons étoient faites de différens fruits de ces contrées, cuits & mêlés avec de l'eau-de-vie de France. On fervit de préférence & prefque continuellement force eau-de-vie du pays, faite avec de la *flatkaïa-trava* ou herbe douce, dont j'ai parlé plus haut; cette liqueur, comme je l'ai dit, n'a point un goût désagréable, il est même aromatique : on s'accoutume d'autant plus volontiers à cette eau-de-vie, qu'elle est moins mal-saine que celle de grains. Tous les convives se mirent insensiblement en belle humeur; leur raison ne tint pas longtemps contre les vapeurs d'un breuvage aussi capiteux; bientôt la plus grosse joie circula autour de la table. A ce bruyant & splendide festin succéda un bal assez bien composé. L'assemblée étoit fort gaie, & l'on y dansa jusqu'au soir des contredanses Russes & Polonoises. Le bal fut terminé par un très-joli feu d'artifice que M. Orléankoff avoit fait & tira lui-même : il n'étoit pas considérable, mais l'effet ne laissa rien à desirer. Je jouis de la surprise & du ravissement extatique de la plupart des spectateurs peu faits à ce genre de divertissement; ils étoient tous à peindre; immobiles d'admiration, ils se récrioient en chœur à chaque fusée

Leurs regrets sur le peu de durée de ce feu ne m'amusèrent pas moins. Il falloit ensuite entendre tout ce monde en faire l'éloge; & en s'en allant chacun repassoit en soupirant tous ses plaisirs de la journée.

Je fus invité le lendemain chez le protapope, oncle de la mariée; les choses s'y passèrent comme la veille, à l'exception du feu d'artifice. Le protapope, ainsi que je l'ai dit, est le chef de toutes les églises du Kamtschatka; chaque prêtre de cette péninsule lui est subordonné, & il décide de toutes les affaires spirituelles: sa résidence est à Nijenei. C'est un vieillard assez vert encore; une large barbe blanche lui descend sur la poitrine & lui donne un air vraiment vénérable. Sa conversation me parut spirituelle, enjouée & faite pour lui attirer le respect & l'affection de ces peuples.

Il existe à Nijenei deux tribunaux; à l'un se portent les affaires d'administration, & l'autre connoît de toutes les discussions entre les négocians; le magistrat qui y préside est une espèce de bourguemeſtre, ſoumis aux ordres du *gorodnitch* ou commandant de la ville. On a vu plus haut que chacune de ces juridictions relève du tribunal d'Okotsk, & qu'on rend compte de toutes les affaires au commandant de cette dernière ville.

Mais ce qui m'intéreſſa le plus à Nijenei, & que je ne ſaurois paſſer ſous ſilence, c'eſt que j'y trouvai neuf Japonois qui, l'été dernier, y furent amenés des îles Aléutiennes ſur un bâtiment Ruſſe deſtiné au commerce des loutres.

Un de ces Japonois me raconta qu'il s'étoit embarqué avec ſes compagnons ſur un navire de leur pays, pour ſe rendre aux îles Kouriles les plus au ſud, dans la vue d'y commercer avec les inſulaires; ils ſuivoient la côte & en étoient peu éloignés, lorſqu'ils eſſuyèrent un coup de vent ſi horrible, qu'ils furent emportés fort loin de-là, & s'égarèrent tout-à-fait. Suivant ſon rapport, ſelon moi très-ſuſpect, ils battirent la mer pendant près de ſix mois ſans voir la terre: ſans doute ils

1788.
Février.
Le 11.
A Nijenei-Kamtſchatka.

Digreſſion ſur des Japonois que je trouvai à Nijenei.

avoient des vivres en abondance. Enfin, les îles Aléutiennes se montrèrent à leurs regards : pleins de joie, ils résolurent d'y attérir, sans trop savoir où ils alloient aborder ; ils mouillèrent une ancre auprès d'une de ces îles, & une chaloupe les conduisit tous à terre. Ils y trouvèrent des Russes qui leur proposèrent d'aller avec eux décharger leur vaisseau & le mettre en sûreté ; soit défiance, soit qu'ils crussent en effet qu'il seroit temps le lendemain, cés Japonois ne voulurent jamais y consentir. Ils eurent bien à se repentir de cette négligence ; car dans la nuit même un vent du large grand frais, jeta le bâtiment à la côte : on ne s'en aperçut qu'au point du jour, & l'on eut peine à sauver la moindre partie de la cargaison & quelques débris du navire, qui étoit presque en entier de bois de senteur. Les Russes qui les avoient accueillis, firent alors tout ce qu'ils purent vis-à-vis de ces malheureux pour leur faire oublier leur perte ; ils leur prodiguèrent les consolations, & les déterminèrent à la fin à les suivre au Kamtschatka où ils retournoient. Mon Japonois m'ajouta qu'ils avoient été en bien plus grand nombre ; mais que les fatigues de la mer, & depuis, la rigueur du climat, avoient fait périr beaucoup de ses compagnons.

Celui qui me parloit, paroît avoir sur les huit autres un empire marqué; on sut de lui qu'il étoit le négociant, & que ceux-ci n'étoient que des matelots ou travailloient sous ses ordres. Ce qu'il y a de certain, c'est qu'ils ont pour lui un attachement & un respect singuliers; ils sont tous navrés de douleur, & montrent la plus vive inquiétude lorsqu'il est malade ou qu'il lui arrive quelque chose de fâcheux : deux fois par jour régulièrement ils envoient un d'entr'eux pour le voir. On peut dire qu'il ne leur porte pas moins d'amitié, car il ne passe jamais une journée sans les visiter à son tour, & il veille avec la plus grande attention à ce qu'il ne leur manque rien. Son nom est *Kodaïl;* sa figure n'a rien d'étrange,

1788, Février. Le 11.
A Nijenei-Kamtschatka.

Détails sur le chef de ces Japonois.

elle est même agréable ; ses yeux ne sont point tirés comme ceux des Chinois ; il a le nez alongé & de la barbe qu'il rase assez fréquemment : sa taille est d'environ cinq pieds & assez bien prise. Il portoit ses cheveux à la chinoise, c'est-à-dire, que du milieu de sa tête pendoit une tresse de la longueur de ses cheveux qui étoient rasés tout autour ; mais on est parvenu depuis peu à lui persuader de les laisser croître & de les attacher à notre manière. Il craint extrêmement le froid ; les habits les plus chauds qu'on lui a donnés, peuvent à peine l'en garantir. Il conserve & porte toujours en dessous ceux de son pays ; ils consistent d'abord en une ou plusieurs chemises très-longues en soie, semblables à nos robes de chambre ; par-dessus il en met une autre de laine, ce qui pourroit faire croire que cette dernière étoffe est plus précieuse à leurs yeux ; peut-être aussi cet arrangement a-t-il quelque motif de commodité, c'est ce que j'ignore. Les manches de ces vêtemens sont larges & ouvertes. Malgré la rigueur du climat, il a constamment les bras nus & le cou à découvert; seulement lorsqu'il sort on lui attache un mouchoir au cou, mais il l'ôte dès qu'il entre dans l'appartement; il ne pourroit, dit-il, le supporter.

Sa supériorité sur ses compatriotes a dû le faire distinguer; mais elle y a sans doute contribué bien moins que la vivacité de son esprit & la douceur de son caractère. Il demeure & vit chez M. le major Orléankoff. La liberté avec laquelle il entre, soit chez le commandant, soit ailleurs, seroit parmi nous taxée d'insolence ou au moins de grossièreté; sans cérémonie il se met aussitôt le plus à son aise qu'il lui est possible, & se place sur le premier siége qu'il trouve; il demande en même temps tout ce dont il a besoin, ou bien le prend lui-même s'il le voit sous sa main. Il fume presque sans cesse; sa pipe est garnie en argent & peu longue; elle ne contient guère de tabac, mais il la remplit à chaque instant. Fumer est pour lui un tel besoin, qu'on a eu beaucoup de peine à obtenir qu'il ne prît pas sa pipe à table. Sa pénétration est des plus actives; il saisit avec une promptitude admirable tout ce qu'on veut lui faire comprendre; il paroît sur-tout très-curieux & grand observateur. On m'a assuré qu'il tient un journal exact de tout ce qu'il voit & de tout ce qu'il lui arrive; en effet, les objets & les usages qu'il a sous ses yeux, sont si loin de ressembler à ceux de sa patrie, que tout est pour lui matière à remarques: attentif à ce qui se passe & se dit en sa présence, de peur de l'oublier il en prend note par écrit. Les caractères qu'il trace m'ont paru à peu-près les mêmes que ceux des Chinois, mais la manière d'écrire est différente; ceux-ci écrivent de droite à gauche *, & les Japonois de haut en bas **. Il parle le Russe suffisamment pour se faire entendre; cependant il faut être

---

* Les Chinois commencent leurs livres, comme nous finissons les nôtres, par la dernière page.
** Ils rangent leurs lettres par colonnes.

accoutumé

accoutumé à sa prononciation, pour converser avec lui; il s'énonce avec une volubilité extraordinaire, qui fait perdre quelquefois de ce qu'il dit, ou en change la signification. Ses reparties en général sont vives & naturelles; jamais il ne déguise sa façon de penser, & il s'explique on ne peut pas plus franchement sur le compte de chacun. Sa société est douce, & son humeur assez égale, quoique très-portée à la méfiance; a-t-il égaré quelque chose? il imagine dans la minute que cela lui a été dérobé, ce qui lui donne souvent un air inquiet. J'admirai sa sobriété, qui véritablement fait contraste en ce pays. Quand il a résolu de ne point boire de liqueur forte, il est impossible de l'amener seulement à en goûter: il en demande lorsqu'il en a envie, mais jamais il n'en fait excès. J'observai encore, qu'à l'instar des Chinois, pour manger, il se servoit de deux petits bâtons avec la plus grande dextérité.

Je lui demandai à voir de la monnoie de sa patrie, & il s'empressa de satisfaire ma

1788, Février. Le 11. A Nijenei-Kamtschatka.

Monnoie du Japon.

*1788,
Février.
Le 11.
A Nijenei-Kamtschatka.*

curiosité. Sa monnoie d'or est une lame d'environ deux pouces de long, peu épaisse & presque ovale ; divers caractères Japonois sont gravés sur ces pièces : l'or m'en parut très-bon, sans aucun alliage ; il se plie comme l'on veut. La monnoie d'argent est carrée, moins grande, moins épaisse & d'un moindre poids que celle d'or ; cependant il m'assura qu'au Japon elle avoit plus de valeur. La monnoie de cuivre est absolument la même que la *cache* des Chinois ; elle est ronde, & de la grandeur à peu-près de nos pièces de deux liards : elle est percée carrément dans le milieu.

Marchandises qui faisoient partie de la cargaison du vaisseau Japonois.

Je lui fis encore quelques questions sur la nature des marchandises qu'on étoit parvenu à sauver de leur vaisseau, & je compris à ses réponses qu'elles consistoient principalement en tasses, plateaux, boîtes & autres effets de ce genre, & d'un très-beau laque : je sus encore qu'ils en avoient vendu une partie au Kamtschatka.

On me pardonnera, je crois, cette

digression sur ces Japonois ; je ne saurois imaginer qu'on la trouve déplacée : elle pourra servir à faire connoître un peuple que nous sommes si rarement dans le cas de voir & d'étudier.

Après avoir passé environ trois jours à Nijenei-Kamtschatka, j'en partis le 12 à une heure après midi, pour aller rejoindre M. Kasloff, que j'étois sûr de retrouver à Yelofki ; je revins donc sur mes pas pour en reprendre la route que j'avois quittée. J'arrivai d'assez bonne heure à Tchoka, dernier village que j'avois traversé pour me rendre à Nijenei, & qui en est éloigné, comme on l'a vu, de vingt-deux verstes. Il y règne un vent violent & presque continuel de la partie de l'ouest : on en trouve la raison dans la position de cet ostrog, au bord de la rivière, entre deux chaînes de montagnes que celle-ci partage, & qui se prolongent sur ses deux rives jusqu'à vingt-cinq verstes.

Je passai la nuit à Kamokoff, & le

1788, Février.

Le 12. Départ de Nijenei-Kamtschatka.

1788,
Février.
Le 12.

lendemain matin je parvins en peu d'heures à l'oſtrog de Kamini ou de Pierre : là, je pris la route de Kartchina ; chemin faiſant je paſſai trois lacs, dont le dernier eſt très-étendu, & n'a guère moins de quatre à cinq lieues de circonférence. Je couchai à ce dernier oſtrog, diſtant du précédent de quarante verſtes, & ſitué ſur la rivière de Kartchina *(k)*.

Le 14.

J'en ſortis au point du jour, & malgré un très-mauvais temps que j'eſſuyai pendant toute cette journée, je vins à bout de faire les ſoixante-dix verſtes qui me reſtoient juſqu'à Yelofki : cet oſtrog eſt ſur la rivière du même nom, & eſt entouré de montagnes.

Je rejoins M. Kaſſoff à Yelofki.

M. le commandant admira ma diligence ; mais je m'étois vainement flatté que l'inſtant de notre réunion ſeroit celui de notre départ. Les objets de ſervice qui

---

(k) En général, preſque tous les villages ont le même nom que les rivières au bord deſquelles ils ſont placés, excepté pourtant ceux qui ſont ſur la Kamtſchatka.

l'avoient appelé, n'étoient point encore terminés, ce qui l'obligea de prolonger son séjour; d'ailleurs il espéroit que M. Schmaleff ne tarderoit pas à nous rejoindre : en effet, en suivant notre itinéraire, il eût été possible qu'il nous eût rattrapés à Yelofki. Nous y restâmes encore cinq jours, tant pour finir les affaires que pour l'attendre inutilement. Cédant à mon impatience, M. le commandant consentit à partir le 19 de très-grand matin.

Nous fîmes d'abord cinquante-quatre verstes assez lentement; mais dans l'après midi nous fûmes surpris par une tempête horrible, qui nous vint de l'ouest & du nord-ouest. Nous étions en rase campagne; les tourbillons étoient si violens, qu'il nous fut impossible d'avancer. La neige qu'ils soulevoient par bouffées, formoit en l'air une brume épaisse; & nos guides, malgré la connoissance qu'ils avoient des chemins, ne répondoient plus de ne pas nous égarer. Jamais nous ne pûmes les déterminer à nous conduire plus loin; il étoit cruel, cependant, de rester en panne à la merci d'un ouragan aussi furieux. Quant à moi, j'avoue que je commençois fort à souffrir, lorsque nos conducteurs nous proposèrent de nous mener auprès d'un bois, qu'ils nous dirent être peu éloigné, & où du moins nous pourrions nous mettre en quelque sorte à l'abri. Nous ne balançâmes pas à profiter de leur bonne volonté; mais avant de quitter le chemin qu'il étoit impossible de distinguer, il nous fallut encore attendre que tous les traîneaux de notre suite fussent rassemblés, autrement nous eussions couru risque de nous séparer & de nous perdre. La réunion faite, nous gagnâmes ce bois, qui se trouva heureusement à la distance qu'on nous avoit annoncée. Notre halte eut lieu à deux heures environ après midi.

Le premier soin de nos Kamtschadales fut de creuser un trou dans la neige, qui, dans cet endroit, avoit au moins six pieds de profondeur; d'autres apportèrent du bois; en un inſtant le feu fut allumé & la chaudière établie. Un léger repas & quelques meſures d'eau-de-vie, remirent bientôt tout notre monde. La nuit venue, on s'occupa des moyens de la paſſer le moins mal à ſon aiſe qu'il ſeroit poſſible; chacun travailla à ſon lit : le mien étoit dans mon vezock où je pouvois me tenir couché; mais perſonne que M. le commandant & moi n'avoit une voiture auſſi commode. Comment, me diſois-je, ces pauvres gens vont-ils faire pour dormir ? Je fus bientôt ſans inquiétude ſur leur compte. La manière dont je les vis préparer leur lit, mérite d'être rapportée, quoiqu'ils n'y mettent pas grande façon : après avoir fait d'abord un creux dans la neige, ils le couvrirent de petites branches d'arbres les plus menues qu'ils purent trouver; puis s'enveloppant d'une *kouklanki*, & s'enfonçant la tête dans le capuchon qui y eſt adapté, ils s'y étendirent comme ſur le meilleur lit du monde. Quant à nos chiens, ils

1788, Février. Le 19.

Manière dont les Kamtſchadales préparent leur lit ſur la neige.

furent dételés & attachés à des arbres autour de nous, où ils passèrent la nuit sur la neige comme à l'ordinaire.

Le 20. Le vent ayant beaucoup diminué, nous nous remîmes en route avant le jour; il nous restoit encore trente verstes à faire pour nous rendre à Ozernoï, où nous avions eu le projet de coucher la veille. Nous y arrivâmes à dix heures du matin; mais nos chiens étant fatigués à l'excès, nous fûmes contraints d'y passer le reste de la journée & même la nuit, dans l'espérance que le vent, qui, dans l'après midi, recommença à souffler avec la plus grande force, se calmeroit pendant cet intervalle.

Ostrog d'Ozernoï. L'ostrog d'Ozernoï reçoit son nom d'un lac qui l'avoisine. La rivière Ozernaïa coule au bas de ce village, mais elle est peu considérable; la maison du toyon est le seul isba que j'aie vu à Ozernoï, & l'on me dit que je n'en trouverois plus jusqu'à la ville d'Ingiga. En revanche, j'y comptai quinze balagans & deux yourtes.

Je devrois décrire ici ces demeures souterraines; mais comme celles-ci sont petites en comparaison de celles que j'aurai bientôt occasion d'observer, j'aime mieux en remettre la description à ce moment.

Nous restâmes encore la journée du 21 à Ozernoï, pour y attendre vainement un sergent de la suite de M. le commandant, qui l'avoit envoyé à la ville de Nijenei-Kamtschatka.

Le lendemain nous nous rendîmes à Ouké; nous y étions de très-bonne heure, n'ayant fait que vingt-six verstes : nous ne voulûmes pas aller plus loin, pour donner le temps à ce sergent de nous rejoindre, ainsi qu'on lui en avoit donné l'ordre, mais il n'arriva point.

Il n'existe pas un seul isba à Ouké; cet ostrog n'est composé que d'une douzaine de balagans & de deux yourtes; on en avoit nettoyé une pour M. Kasloff, & nous y passâmes la nuit.

Nous sortîmes de ce village au point du jour; à moitié chemin nous aperçûmes un certain nombre de balagans qui ne font habités, nous dit-on, que dans la saison de la pêche. Près de-là, nous revîmes la mer, & nous la côtoyâmes pendant quelque temps. Je fus extrêmement contrarié de ne pouvoir découvrir moi-même jusqu'à quelle distance elle étoit prise, ni quelle étoit la direction de cette partie de la côte de l'est du Kamtschatka. Un vent du nord vint nous assaillir, & nous poussoit la neige dans les yeux avec tant de violence qu'on ne pouvoit songer qu'à les défendre; il régnoit en outre sur la mer une brume qui commençoit dès le rivage & sembloit s'étendre au loin: ce voile sombre la déroboit presqu'entièrement à la vue. Les gens du pays que je m'empressai d'interroger, me répondirent que nous venions de passer le long d'une baie peu spacieuse, & que la mer étoit couverte de glace jusqu'à trente verstes de la côte.

Je ne trouvai à Khaluli, ostrog situé sur la rivière de ce nom, à soixante-seize

1788, Février. Le 23.

A Khaluli, baidar recouvert en cuir.

verstes d'Ouké, & peu éloigné du bord de la mer, que deux yourtes & douze à treize balagans; mais j'y vis avec plaisir un baidar recouvert en cuir. La longueur de ce bateau pouvoit être de quinze à dix-huit pieds sur quatre de large; toute la carcasse étoit en planches assez minces & arrangées en treillage : une pièce de bois plus longue & plus grosse que les autres servoit de quille; les membrures étoient assujetties avec des courroies, & le tout recouvert de plusieurs peaux de morses & de loups marins de la grosse espèce. J'admirai sur-tout la manière dont ces peaux étoient préparées & si parfaitement cousues ensemble, que l'eau ne pouvoit pénétrer dans le bateau. Il me parut de la forme des nôtres; mais moins arrondi, il n'en avoit pas la grâce; rétréci vers les extrémités, il se terminoit en pointe & s'aplatissoit à la quille. La légèreté de ces embarcations fort sujettes à chavirer, a sans doute nécessité cette construction qui leur donne plus d'aplomb. Ce baidar étoit retiré sous un hangar qui avoit été fait exprès pour le garantir de la neige. Le toyon de Khaluli nous ayant cédé sa yourte, nous y passâmes la nuit, car il fallut attendre au lendemain pour nous remettre en route. Le vent avoit augmenté depuis notre arrivée, & il ne tomba que dans la nuit.

A dix heures du matin nous avions perdu de vue Khaluli, & passé l'ancien village de ce nom, récemment abandonné à cause de sa mauvaise position. Nous rencontrâmes plus loin des habitations désertes, qui formoient autrefois l'ostrog d'Ivaschkin, transporté, pour la même raison, à quelques verstes de son premier emplacement. Ensuite nous retrouvâmes la mer, & nous suivîmes encore pendant quelque temps la côte de l'est. Elle nous présenta en cet endroit une autre baie, que j'aurois voulu pouvoir considérer à mon aise, mais la brume épaisse qui régnoit sur la mer, à partir du rivage, ne permit pas à ma vue de s'étendre au-delà de la glace;

Il me parut seulement que la brume s'éclaircissoit à mesure que le vent qui, jusqu'à ce moment avoit été ouest & nord-ouest, devenoit nord-est.

1788, Février. Le 25.

Ivaschkin est à quarante verstes de Khaluli & très-voisin de la mer. Deux yourtes & six balagans composent cet ostrog, situé sur une petite rivière de son nom, qui étoit entièrement prise, comme celle que nous venions de passer.

Ostrog d'Ivaschkin.

Nous couchâmes en ce village, où la crainte d'un ouragan dont on nous disoit menacés, nous fit rester le lendemain une partie du jour; nous en fûmes quittes pour la peur, & quoiqu'il fût assez tard lorsque nous nous décidâmes, nous pûmes encore nous rendre à Drannki : le trajet n'étoit que de trente verstes. La position de cet ostrog est la même que celle du précédent : nous y trouvâmes M. Haus, officier Russe; il venoit de Tiguil, & apportoit à M. le commandant divers objets d'histoire naturelle.

Le 16.

Nous trouvons à Drannki M. Haus, officier Russe.

Nous partîmes de Drannki à la pointe

Le 27.

1788,
Février.
Le 27.
Baie considérable & assez commode.

du jour. Dans l'après midi nous traversâmes une baie, dont la largeur est de quinze verstes environ sur vingt-cinq à trente de profondeur ; son entrée n'a guère moins de cinq verstes : elle est formée par la côte du sud. Celle-ci est une terre basse, qui décroît à mesure qu'elle s'avance dans la mer. La baie court ouest-nord-ouest & est-sud-est : il m'a semblé que dans l'ouest-nord-ouest de son entrée, en approchant de Karagui, les vaisseaux pourroient mouiller sûrement à l'abri des vents de sud, d'ouest & de nord. La partie du sud ne promet pas un aussi bon mouillage ; les gens du pays prétendent qu'il s'y rencontre plusieurs bancs de sable. Je fus obligé de m'en rapporter à leur dire; la glace & la neige m'empêchèrent de m'en assurer plus positivement.

Ostrog de Karagui, le dernier du district du Kamtschatka.

Nous fîmes soixante-dix verstes dans cette journée, & le soir nous parvînmes à Karagui. Ce village est sur une élévation, d'où l'on découvre la mer; ses habitations se bornent à trois yourtes & douze balagans, au pied defquels paffe la Karaga. Cette rivière fe jette dans la mer à quelques portées de fuſil de l'oſtrog, le dernier du diſtrict du Kamtſchatka; car on ne compte pas un hameau qui eſt à cent verſtes plus loin, & où il y a très-peu de Kamtſchadales.

Comme nous fommes forcés d'attendre ici des proviſions de poiſſons ſecs, reſtées en arrière & deſtinées à nourrir nos chiens dans les déſerts que nous devons traverſer, je vais profiter de ce ſéjour pour tranſcrire diverſes notes que j'ai priſes dans les villages précédens & dans celui-ci. Elles ne ſeront pas placées dans l'ordre où je les ai faites; mais on doit ſentir que la rapidité de notre marche ne m'en laiſſe pas toujours le maître *(l)*.

―――――

(l) On me reprochera peut-être, que ma narration ne préſente ſouvent que des détails arides & trop uniformes; je me ferois empreſſé de les épargner au lecteur, ſi je ne lui euſſe pas promis une exactitude ſcrupuleuſe: mais qu'il obſerve de quels objets je ſuis environné dans l'immenſe étendue

Je parlerai d'abord des yourtes que je n'ai pu encore décrire, bien qu'elles m'aient paru mériter une attention particulière. Ces maisons bizarres s'enfoncent sous terre, comme je l'ai dit *(m)*, & le comble qui s'élève au-dessus, a la forme d'un cône tronqué; mais pour en prendre une idée plus juste, qu'on se figure un grand trou carré d'environ six à sept toises de diamètre & de huit pieds de profondeur : les quatre côtés revêtus de solives ou de planches, & tous les interstices de ces murs remplis avec de la terre, de la paille ou de l'herbe séchée & des pierres. Au fond de ce trou sont plantés plusieurs poteaux soutenant des traverses, sur lesquelles porte le toit; il

---

de pays que je parcours; il verra qu'ils sont presque par-tout les mêmes. Dépend-il donc de moi de varier mes descriptions, & de ne pas tomber dans quelques redites !

(m) A mon passage à Paratounka, on se souvient que je vis quelques yourtes, mais elles étoient à moitié détruites, & j'ai pu à peine en indiquer la forme extérieure.

commence au niveau du sol & l'excède de quatre pieds; son épaisseur est de deux pieds, & sa pente peu rapide. Il est au reste construit comme les murs; vers le sommet, il est percé carrément: cette ouverture a quatre pieds de long sur trois de large; c'est par-là que s'échappe la fumée *(n)*, & qu'on descend dans la yourte à l'aide d'une échelle ou poutre entaillée, qui s'élève dans l'intérieur à l'orifice de cette entrée, commune aux hommes & aux femmes. On regarde comme une sorte de déshonneur, de passer sous une porte très-basse, qui se trouve à l'un des côtés de la yourte. Pour terminer la description des dehors de ces habitations, j'ajouterai

―――――――――

(n) La fumée règne si continuellement dans ces maisons souterraines, que cette issue ne sauroit suffire à son évaporation. Pour la faciliter, on y pratique dans un coin inhabité, derrière le foyer, une espèce de ventouse, dont la direction est oblique. Cette manière de soupirail s'appelle *joupann;* sa bouche aboutit au dehors à quelques pieds de l'ouverture carrée: on la ferme ordinairement avec une natte ou un paillasson.

*Partie I.*ʳᵉ   P

qu'elles font entourées d'une paliffade affez haute, fans doute pour les garantir des coups de vent ou de la chute des neiges ; d'autres prétendent que ces enceintes fervoient autrefois de remparts à ces peuples pour fe défendre contre leurs ennemis.

Eft-on defcendu dans ces demeures fauvages, on voudroit en être dehors ; la vue & l'odorat y font également bleffés : l'unique pièce qui en compofe l'intérieur, a environ dix pieds de haut. Une eftrade large de cinq & couverte de peaux à moitié ufées de rennes, de loups marins ou d'autres animaux, fait le tour de l'appartement : cette eftrade n'eft pas à plus d'un pied de terre (o), & fert communément de lit à plufieurs familles. J'ai compté dans une feule yourte plus de vingt perfonnes, tant hommes que femmes & enfans : tout ce monde mange, boit &

―――――――――――

(o) J'ai vu quelques yourtes plancheïées, mais cela eft regardé comme un luxe, & la plupart n'ont que la terre pour plancher.

dort pêle-mêle; sans gêne ni pudeur, ils y satisfont à tous les besoins de la nature, & jamais ils ne se plaignent du mauvais air qu'on respire en ces lieux. A la vérité, le feu y est presque continuel. Pour l'ordinaire le foyer est placé au milieu de la yourte ou dans un des côtés. Le soir, on a le soin de ramasser la braise en tas, & de fermer le trou qui sert d'issue à la fumée; par ce moyen, la chaleur se concentre & se conserve pendant toute la nuit. A la lueur d'une lampe lugubre, dont j'ai déjà fait connoître la forme & l'odeur infecte, on découvre dans un coin de l'appartement *(p)* une mauvaise image de quelque saint, toute luisante de graisse & noire de fumée : c'est devant ces images que ces peuples s'inclinent & font leur prière. Les autres meubles se bornent à des bancs & à des vases de bois, ou d'écorces d'arbre;

1788, Février. Le 28. A Koriagui.

―――――――――――

(p) Ce réduit est en quelque sorte séparé de l'appartement; il est un peu moins sale, parce qu'il est moins fréquenté : c'est la place d'honneur réservée aux étrangers.

ceux qui servent à la cuisine sont en fer ou en cuivre ; tous sont d'une malpropreté révoltante. Des restes de poisson séché sont épars çà & là, & à tous momens des femmes ou des enfans sont à faire griller des morceaux de peau de saumons ; c'est un de leurs mets favoris.

L'habillement des enfans arrêta mes regards par sa singularité ; on m'assura qu'il ressembloit parfaitement à celui des Koriaques. Il consiste en un seul vêtement, c'est-à-dire, dans une peau de renne qui enveloppe & serre chaque partie du corps, de sorte que ces enfans paroissent cousus de toutes parts : une ouverture en bas, devant & derrière, donne la possibilité de les nettoyer. Cette ouverture est recouverte d'un autre morceau de peau qui s'attache & se lève à volonté ; il soutient un paquet de mousse *(q)*, qu'on met en guise de couche entre les jambes de

---

(q) On se sert également de l'herbe appelée *tonnchitcha*.

l'enfant, & qu'on renouvelle à mesure qu'il l'a sali. Outre les manches ordinaires, il en est deux autres attachées à son habit, & dans lesquelles on lui passe les bras lorsqu'il a froid; les extrémités en sont fermées, & le dedans est garni de mousse. On le coiffe aussi d'un capuchon de la même peau que son vêtement; mais dans les yourtes, les enfans sont presque toujours tête nue, & le capuchon leur pend sur les épaules: ils ont encore pour ceinture une lanière de peau de renne. Leurs mères les portent sur le dos, par le moyen d'une courroie qui passe autour du front de la femme & sous le derrière de l'enfant.

Le toyon de Karagui, chez qui nous logions, étoit un ancien rebelle; on avoit eu de la peine à le faire rentrer dans le devoir, & il nous donna quelques inquiétudes par le refus formel qu'il nous fit de nous procurer du poisson.

Les mœurs des habitans de cet ostrog, tiennent beaucoup de celles des Koriaques leurs voisins. Cette analogie ne se fait pas

1788, Février.
Le 28.
A Karagui.

Le 29.
Idiome des habitans de cet ostrog.

moins fentir dans l'idiome que dans l'habillement des enfans. J'eus occafion de le remarquer le lendemain de notre arrivée.

Ayant appris que dans les environs étoient deux hordes de Koriaques à rennes, nous leur dépêchâmes auffitôt un exprès pour leur propofer de nous en vendre; ils ne fe firent pas prier, le même jour ils nous amenèrent deux rennes en vie. Ce fecours vint à propos pour tranquillifer nos gens, qui commençoient à craindre de manquer de vivres; cependant la difette menaçoit encore plus nos chiens, les provifions de poiffon n'arrivoient point. On fe hâta donc de tuer un renne; mais lorfqu'il fut queftion du prix, nous nous trouvâmes fort embarraffés pour traiter avec les vendeurs; ils ne parloient ni Ruffe ni Kamtfchadale, & leurs fignes n'étoient rien moins qu'expreffifs: jamais nous ne nous fuffions entendus, fans un habitant de Karagui qui vint nous fervir d'interprète.

On diftingue deux fortes de Koriaques;

[marginalia:]
1788,
Février.
Le 29.
A Karagui.
Des Koriaques nous amènent deux rennes en vie.

Diftinction des deux fortes de Koriaques.

ceux proprement appelés de ce nom, ont une résidence fixe ; les autres, qui font nomades, font connus fous la dénomination de *Koriaques à rennes (r):* ils en ont de nombreux troupeaux, & pour les nourrir, ils les conduifent dans les cantons où la moufſe abonde. Ces pâturages font-ils épuifés, ils courent en chercher d'autres : ils errent ainfi fans ceffe, campant fous des tentes de peaux & vivant du produit de leurs rennes.

Ces animaux ne leur font pas moins utiles pour le tranfport, que les chiens aux Kamtfchadales. Les Koriaques qui nous vinrent trouver, étoient traînés par deux rennes ; mais la façon de les atteler & de les mener, & la forme du traîneau exigent des détails particuliers. Il convient, je penfe, de les renvoyer au moment où, voyageant chez ces peuples, je ferai

---

(r) On me dit qu'il y avoit de ces Koriaques errans dans l'île de Karagui, à vingt-fix verftes du village de ce nom dans l'eft-fud-eft de la baie ; j'ai cru avoir découvert de loin cette île.

plus à portée de faire des observations exactes.

Ces provisions si desirées nous parvinrent enfin le 29 au soir; elles nous furent amenées par le sergent que nous attendions depuis plusieurs jours. Nous nous disposâmes à partir le lendemain matin; mais il s'éleva dans la nuit un vent d'ouest & de nord-ouest des plus violens. Cet ouragan fut accompagné de neige; elle tomba en telle abondance, que nous fûmes contraints de différer notre départ. Il falloit un temps aussi affreux pour nous y forcer, car l'arrivée de nos provisions avoit redoublé notre impatience; elles étoient peu considérables, & nos besoins si pressans, qu'à peine reçues elles avoient été entamées: il étoit donc de notre intérêt d'abréger les séjours, pour qu'elles ne se trouvassent pas consommées avant que nous eussions passé les déserts.

Dans la matinée le vent mollit, mais la neige continua, & le ciel menaçoit d'une autre tempête avant la fin du jour; elle commença en effet à gronder vers les deux heures après-midi, & dura jusqu'au soir.

Pour nous distraire, on nous proposa de prendre une idée des talens d'une célèbre danseuse Kamtschadale, habitante de Karagui. Ce qu'on nous en dit piqua notre curiosité, & nous la fîmes venir; mais, soit caprice, soit humeur, elle refusa de danser, & ne parut faire aucun cas de notre invitation. Vainement on lui représenta que c'étoit manquer de complaisance & même de respect envers M. le commandant; il fut impossible de la déterminer. Heureusement nous avions de l'eau-de-vie sous la main; quelques rasades parurent changer ses dispositions. En même temps, à notre instigation, un Kamtschadale se mit à danser devant elle, en la provoquant de la voix & du geste. Peu-à-peu les yeux de cette femme s'allumèrent; sa contenance devint convulsive; tout son corps tressailloit sur l'estrade où elle étoit assise: aux agaceries, aux chants

1788, Mars. Le 1.er

A Karagui. Célèbre danseuse Kamtschadale.

aigus de son danseur, elle répondoit par de pareils efforts de voix, & en battant la mesure avec sa tête, qui tournoit en tout sens. Bientôt les mouvemens furent si pressés, que n'y tenant plus, elle s'élança à terre, & défia à son tour son homme par des cris & des contorsions encore plus bizarres. Il est difficile d'exprimer le ridicule de sa danse ; tous ses membres sembloient disloqués ; elle les remuoit avec autant de force que d'agilité ; ses mains se portoient à son sein avec une sorte de rage, le découvroient & s'y attachoient, comme si elle eût voulu le déchirer ainsi que ses vêtemens. Ces transports étranges étoient accompagnés de postures plus étranges encore ; en un mot, ce n'étoit plus une femme, mais une furie. Dans son aveugle frénésie, elle se seroit précipitée dans le feu allumé au milieu de la yourte, si son mari ne se fût pas empressé d'avancer un banc pour l'en empêcher ; il eut encore la précaution de se tenir sans cesse auprès d'elle. Lorsqu'il vit qu'ayant abfolument perdu la tête, elle fe jetoit de tous côtés, & qu'elle étoit réduite, pour fe foutenir, à s'accrocher à fon danfeur, il la prit dans fes bras & la porta fur l'eftrade; elle y tomba, comme une maffe, fans connoiffance & hors d'haleine. Elle fut près de cinq minutes en cet état : cependant le Kamtfchadale, fier de fon triomphe, ne ceffoit pas de chanter & de danfer. Revenue à elle, cette femme l'entendit; foudain, malgré fa foibleffe, elle fe fouleva encore, en pouffant des fons mal articulés : on eût dit qu'elle alloit recommencer cette pénible lutte. Son mari la retint, & demanda grâce pour elle : mais le vainqueur, fe croyant infatigable, continuoit de l'agacer ; il fallut ufer de notre autorité pour lui impofer filence. Malgré les éloges qui furent donnés aux talens des acteurs, j'avoue que je ne trouvai pas la fcène gaie; je dirai plus, elle me révolta.

Hommes & femmes, tout le monde ici fume & mâche du tabac. Par un

1788. Mars. Le 1.er A Karagui.

Amour de ces peuples pour le tabac.

raffinement que j'ignorois, on le mêle avec de la cendre, pour, me dit-on, le rendre plus fort. Les habitans, à qui nous en préfentâmes en poudre, ne le portèrent pas à leur nez, mais à leur bouche. J'examinai leurs pipes ; elles ont la même forme que celles des Chinois ; toutes étoient d'os & très-petites. Lorfqu'ils fument, ils fe gardent bien de renvoyer la fumée ; ils l'avalent avec délices.

Tous les toyons des oftrogs par lefquels nous avions paffés depuis Ozernoi, par refpect & par honneur pour M. Kafloff, nous avoient fervi d'efcorte jufqu'à Karagui.

Le furlendemain de notre arrivée, ils avoient pris congé de nous pour retourner chacun à leur village. Leurs adieux furent des plus affectueux. Après avoir demandé de nouveaux pardons à leur commandant de ne l'avoir pas mieux reçu à fon paffage, ils lui témoignèrent leurs vifs regrets de fe féparer de lui, comme s'ils l'euſſent laiſſé au milieu des plus grands dangers; ils lui offrirent tout ce qu'ils poſſédoient, ne connoiſſant pas d'autres marques d'attachement. Ils s'adreſsèrent pareillement à moi, me priant avec inſtance de recevoir d'eux quelque choſe: en vain je voulus m'en défendre, mes refus ne les rendirent que plus preſſans; & pour les contenter, je fus obligé de prendre leurs dons.

Il faut que je rempliſſe ici envers tout le peuple Kamtſchadale, que je vais quitter, le devoir que ſes procédés à mon égard m'ont impoſé. Je me plais à me retracer le ſouvenir de l'obligeant accueil qu'il m'a fait; j'ai vanté ſon hoſpitalité & ſa douceur, mais je ne me ſuis pas aſſez étendu ſur les témoignages d'affection que ces bonnes gens me donnèrent. Il n'eſt, je crois, aucuns chefs d'oſtrogs qui ne m'aient fait quelques petits préſens; tantôt c'étoit une peau de martre zibeline ou de renard, tantôt des fruits ou du poiſſon, & tels autres objets

1788, *Mars.* Le 1.ᵉʳ A Karagui.

Marques d'affection que me donnèrent les Kamtſchadales.

qu'ils jugeoient m'être agréables. J'avois beau être en garde contre leurs offres, ils revenoient sans cesse à la charge & me contraignoient d'accepter : on eût dit qu'ils prenoient à tâche de réparer envers moi, l'injustice qu'ils avoient si long-temps faite au nom François. Souvent ils me remercioient de les avoir désabusés sur notre compte ; quelquefois aussi ils étoient tentés de le regretter, en songeant qu'ils ne me verroient plus, & que mes compatriotes étoient rarement dans le cas de voyager dans leur péninsule.

Nous sortîmes de Karagui à une heure du matin par un temps assez calme, qui se soutint tout le jour. La seule contrariété que nous éprouvâmes dans notre marche, fut de ne pouvoir traverser, comme nous l'avions espéré, une baie que la tempête de la veille avoit fait débacler ; il fallut en faire le tour. Cette baie a de la profondeur ; sa largeur est de huit à dix verstes, & la direction de son cours me parut nord-est & sud-ouest. La glace ne s'étoit rompue que jufqu'à l'embouchure, & là, reprenant fa folidité, s'avançoit dans la mer: avec le circuit que ce dégel nous obligea de faire, notre journée peut s'évaluer à cinquante verftes.

A la nuit tombante nous nous arrêtâmes en plein-champ; auffitôt les tentes furent dreffées. Sous la plus grande, appartenant à M. Kaffoff, fon vezock & le mien furent approchés portière contre portière, de manière qu'en baiffant les glaces, qui étoient de feuilles de talc, nous pouvions facilement nous entretenir & nous communiquer. Les autres traîneaux étoient rangés deux à deux autour de notre tente, & l'intervalle d'un traîneau à l'autre étoit couvert de toile ou de peaux, fous lefquelles nos conducteurs & les gens de notre fuite pouvoient fe mettre à l'abri & faire leurs lits. Telle étoit la difpofition de nos haltes en rafe campagne.

Dès que la chaudière étoit établie nous prenions du thé, puis l'on s'occupoit de

1788. Mars. Le 2.

Difpofition de nos haltes en rafe campagne.

En quoi confiftoit notre fouper, notre unique repas.

la préparation du souper, notre unique repas chaque jour. Un caporal y présidoit comme maître d'hôtel & comme cuisinier : les mets qui sortoient de sa main n'étoient ni nombreux ni délicats; mais sa promptitude à les apprêter, & notre apétit nous rendoient indulgens. Il nous servoit pour l'ordinaire une soupe de biscuit de pain noir avec du riz ou du gruau; en une demi-heure elle étoit faite, & voici comment : il prenoit une pièce de bœuf ou de renne, & avant de la jeter dans l'eau bouillante, il la coupoit par morceaux très-minces, qui étoient cuits dans l'instant.

La veille de notre départ de Karagui, on avoit tué & entamé notre second renne. Nous nous régalâmes avec sa moëlle crue ou cuite; je la trouvai excellente : nous fîmes aussi bouillir la langue, & je ne crois pas avoir jamais rien mangé de meilleur.

Nous reprîmes notre marche de grand matin, mais il nous fut impossible de faire plus de trente-cinq verstes. Le vent avoit changé;

1788, Mars. Le 1.

Le 3. Nos chiens commencent à souffrir de la disette; plusieurs périssent.

changé : revenu à l'ouest & au sud-ouest, il souffla de nouveau avec une violence extrême & nous rejetoit la neige au visage. Nos conducteurs souffrirent beaucoup, bien moins cependant que nos chiens, dont plusieurs périrent en chemin épuisés de fatigue ; les autres ne pouvoient nous traîner, tant ils étoient foibles, faute de nourriture : on ne leur donnoit plus qu'un quart de leur ration ordinaire, & à peine leur restoit-il encore des vivres pour deux jours.

1788, Mars. Le 3.

Dans cette extrémité, nous dépêchâmes un soldat à l'ostrog de Kaminoï, pour y chercher du secours, & pour faire venir à notre rencontre l'escorte qui devoit y attendre M. Kasloff. C'étoit une garde de quarante hommes qu'on lui avoit envoyée d'Ingiga, à la première nouvelle de la révolte des Koriaques.

Soldat envoyé à Kaminoï, pour y chercher du secours.

Nous n'avions plus que quinze verstes à faire pour atteindre le village ou hameau de Gavenki ; nous espérions y trouver du poisson pour nos chiens ; & dans

Arrivée au village de Gavenki.

Partie Ire   Q

*1788,
Mars.
Le 4.
A Gavenki.*

cette confiance, nous nous hasardâmes à leur accorder le soir double portion, afin de les mettre en état de nous y conduire. Après avoir passé la nuit comme la précédente, nous nous remîmes en route à trois heures du matin : nous ne quittâmes point le bord de la mer jusqu'à Gavenki, où nous n'arrivâmes qu'à dix heures. Ce village est ainsi nommé à cause de sa laideur & de son état misérable *(f)*; on n'y

Description de Gavenki.

voit en effet que deux yourtes menaçant ruine, & six balagans assez mal construits avec de vilains bois tortus, que la mer jette parfois sur le rivage, car il n'y a pas un arbre aux environs; seulement on y aperçoit de loin en loin quelques arbrisseaux très-chétifs & très-clair-semés. Je ne fus pas étonné d'apprendre que depuis peu, plus de vingt habitans s'étoient expatriés volontairement pour chercher de meilleurs gîtes. Aujourd'hui la population

---

(f) Son nom dérive du mot *gavna*, qui signifie excrément.

de ce hameau se borne à cinq familles, y compris celle du toyon; encore compte-t-on dans ce nombre deux Kamtschadales qui sont venus de l'île de Karagui, s'établir ici. On ne me dit point les raisons de leur déplacement, mais je doute qu'ils aient gagné au change.

Il n'y avoit pas une heure que nous étions à Gavenki, qu'il s'éleva une querelle entre un sergent de notre suite & deux paysans du village, à qui il s'étoit adressé pour avoir du bois. Ceux-ci répondirent brusquement qu'ils n'en vouloient pas donner; de propos en propos les têtes s'échauffèrent: les Kamtschadales peu intimidés des menaces du sergent, tirèrent leurs couteaux *(t)*, & vinrent sur lui; mais aussitôt ils furent désarmés par deux de nos soldats. Dès que M. le commandant fut instruit de cet acte de

1788, Mars. Le 4. A Gavenki.

Querelle entre un de nos sergens & deux habitans de Gavenki.

―――――――

(t) Ces couteaux pouvoient avoir deux pieds de long; ils s'attachent à la ceinture, & pendent sur les cuisses.

violence, il ordonna qu'on fît un exemple par la punition des coupables. Il les fit amener devant la yourte où nous étions, & cherchant à en impofer aux autres habitans, il fortit pour preffer lui-même le fupplice. Le toyon qui étoit refté pour me tenir compagnie, fe mit alors à murmurer devant moi de la rigueur avec laquelle on traitoit fes deux compatriotes; fa famille m'environnoit en criant encore plus haut que lui. J'étois feul, cependant j'allois effayer de les calmer, quand je m'aperçus que M. Kafloff avoit oublié fes armes; je fautai fur nos fabres au mouvement que fit le toyon pour fortir, & je le fuivis de près. Déjà il avoit joint M. le commandant, & ameutant tous fes voifins, il demandoit à grands cris qu'on relâchât les délinquans; il étoit, difoit-il, leur feul juge, il n'appartenoit qu'à lui de les punir. A ces clameurs féditieufes, M. Kafloff ne répondit que par un regard févère, qui déconcerta l'effronterie de ces payfans & de leurs chefs; celui-ci dit encore quelques mots, mais on le saisit & on le força d'assister au châtiment qu'il prétendoit empêcher. Des deux rebelles qui le subirent, l'un étoit un jeune homme de dix-huit ans, & l'autre un homme de vingt-huit à trente. Ils furent déshabillés & couchés par terre; deux soldats leur tenoient les jambes & les mains, tandis que quatre autres faisoient tomber sur leurs épaules une grêle de coups; on les battit ainsi l'un après l'autre avec des baguettes de sapin séché, qui mirent leurs corps tout en sang. A la prière des femmes, que la foiblesse de leur sexe rend par-tout plus compatissantes, le supplice fut abrégé; on leur remit le jeune homme, à qui elles firent sur le champ une belle exhortation, dont il se fût bien passé, car il n'étoit guère en état de l'entendre, & encore moins de songer à se révolter une seconde fois.

La sévérité dont s'arma dans cette occasion M. le commandant, étoit d'autant plus nécessaire, que nous commençâmes

1788, Mars. Le 4. A Gavenki.

Les habitans nous refusent du poisson.

à apercevoir ici des nuances contagieuses du caractère inquiet des Koriaques. Opposées aux mœurs des Kamtschadales que nous venions de quitter, celles des habitans de Gavenki nous faisoient douter si c'étoit encore le même peuple : autant nous avions eu à nous louer du zèle & de la bonté des autres, autant nous eûmes à nous plaindre de la dureté & de la fourberie de ceux-ci. Quelques instances que nous leur fîmes, nous n'en pûmes obtenir du poisson pour nos chiens ; ils nous assuroient froidement qu'ils n'en avoient point ; leurs réponses équivoques les trahissoient, & nos gens ne tardèrent pas à en reconnoître la fausseté. A force de fureter ils découvrirent des réservoirs souterrains, où, à notre approche, ces gens avoient enfoui leurs provisions. Malgré le soin qu'ils avoient pris d'en masquer les vestiges, en les couvrant artistement de terre & de neige, en peu de temps tout fut dépisté par nos chiens, que leur nez & la faim dirigeoient. A la vue de leurs caveaux enfoncés & du poisson qu'on en tira, ces paysans nous alléguèrent les plus mauvaises raisons pour se justifier; elles redoublèrent notre indignation, &, sans un reste de pitié pour eux, nous eussions tout enlevé; mais nous nous contentâmes d'en prendre une petite partie.

D'après ce que nous trouvâmes dans ces souterrains, il paroît qu'on pêche sur ces côtes du saumon, du hareng, de la morue, des morses & différens autres animaux amphibies.

Il n'y a ni source ni rivière dans les environs, mais seulement un lac qui fournit de l'eau aux habitans de Gavenki. Ils ont soin l'hiver de venir casser la glace qui le couvre; ils en emportent des quartiers considérables, puis les jettent dans des espèces d'auges, suspendues dans la yourte à la hauteur d'un homme. La chaleur y est assez forte, pour que la glace se fonde peu à peu; & c'est-là que chacun vient puiser quand il a soif.

1787, Mars. Le 4. A Gavenki.

Poissons qu'on pêche sur ces côtes.

Lac des environs de Gavenki.

1788.
Mars.
Le 4.
A Gavenki.

On voit auprès de ce village, une montagne ou une espèce de retranchement de la façon de ces peuples, qui s'y réfugioient autrefois dans leurs révoltes.

Départ de Gavenki.
Du 5 au 9.

Nous ne nous arrêtâmes à Gavenki que douze à treize heures; nous en partîmes la nuit pour nous rendre à Poustaretsk, qui en est éloigné de plus de deux cents verstes: il nous fallut cinq grands jours pour faire ce trajet; jamais notre marche n'avoit été aussi pénible. Nous n'eûmes pas à nous plaindre du temps de la première journée; mais le lendemain, la neige & les coups de vent nous assaillirent: ils se succédèrent sans interruption & avec tant d'impétuosité, que nos conducteurs en étoient aveuglés; à quatre pas devant eux, ils ne distinguoient rien; ils ne voyoient pas même le traîneau qui les suivoit immédiatement.

Notre guide nous égare.

Pour surcroît de malheur, le guide que nous avions pris à Gavenki, étoit vieux & avoit la vue courte, aussi nous égaroit-il fouvent ; alors il nous faifoit arrêter, & alloit feul en avant, pour chercher des points de ralliement : mais comment en trouver dans une plaine auffi vafte, couverte de neige, & où l'on n'apercevoit ni bois, ni montagnes, ni rivières ? A tous momens l'expérience de notre guide étoit mife en défaut par le mauvais temps, malgré la connoiffance incroyable qu'il avoit de ces chemins : la moindre butte, le moindre arbriffeau, c'en étoit affez pour le remettre fur la voie ; cependant, comme il fe trompoit quelquefois, nous jugeâmes avoir fait chaque jour plus de vingt verftes en détours forcés qu'il nous occafionna.

Au bout de deux jours, mes chiens furent réduits à un feul poiffon qu'on partageoit entre tous. Le défaut de nourriture épuifa bientôt leurs forces ; à peine pouvoient-ils nous traîner : les uns tomboient fous les coups de nos conducteurs, les autres refufoient fervice ; plufieurs reftèrent fur la place, morts d'inanition.

De trente-sept chiens attelés à mon vezock, en partant de Bolcheretsk, je n'en avois plus que vingt-trois, encore étoient-ils d'une foiblesse extrême; M. Kasloff avoit pareillement perdu beaucoup des siens.

La disette devint à la fin si grande, que nous nous vîmes à la veille de ne pouvoir sortir de ce désert. Nos chiens n'ayant plus du tout de poisson, nous fûmes obligés, pour les soutenir, de prendre sur nos propres provisions; mais leur part étoit modique; la prudence nous imposoit la plus sévère économie.

Dans cette fâcheuse conjoncture, nous abandonnâmes nos équipages au milieu du chemin, à la garde de quelques-uns de nos conducteurs; &, après avoir choisi dans l'attelage de ces traîneaux les moins mauvais chiens, pour remplacer ceux qui nous manquoient, nous poursuivîmes notre route.

Nous ne fûmes pas hors de peine ni d'inquiétude. L'eau ne tarda pas à nous manquer : le seul petit ruisseau que nous rencontrâmes étoit glacé; il fallut nous résoudre à nous défaltérer avec de la neige. Le défaut de bois fut un autre embarras; pas un arbre fur notre chemin; nous faifions quelquefois une verfte pour aller à la découverte d'un méchant arbriffeau qui n'avoit pas un pied de haut: tous ceux qui s'offroient à nos regards étoient auffitôt coupés & emportés, dans la crainte de n'en pas trouver plus loin; mais ils étoient fi petits & fi rares qu'ils ne fuffifoient pas pour cuire nos alimens. Il n'étoit donc pas queftion de nous chauffer; le froid pourtant étoit des plus rigoureux, & la lenteur de notre marche nous donnoit le temps de nous morfondre; à chaque pas nous étions contraints de nous arrêter pour dételer les chiens qui expiroient les uns fur les autres.

Je ne faurois rendre ce qui fe paffa en moi dans cette circonftance; le moral fouffroit encore plus que le phyfique. Je prenois aifément mon parti fur les incommodités que je partageois avec mes compagnons; leur exemple & ma jeunesse me faisoient supporter tout avec courage; mais ma constance m'abandonnoit dès que je songeois à mes dépêches. La nuit, le jour, elles étoient sans cesse sous ma main, je n'y touchois qu'en frémissant. L'impatience de remplir ma mission, l'image des obstacles que j'avois à vaincre, l'incertitude d'y réussir, toutes ces idées venoient à la fois m'agiter. Je les écartois; l'instant d'après, une nouvelle contrariété me ramenoit à ces réflexions désespérantes.

Moyen dont nous nous servions pour faire avancer nos chiens.

En sortant de Gavenki, nous avions quitté la côte de l'est; celle de l'ouest se présenta à nous à deux verstes de Poustaretsk; de sorte que nous avions traversé cette partie du Kamtschatka dans toute sa largeur, qui n'est, comme l'on voit, que de deux cents verstes, c'est-à-dire, de cinquante lieues. Nous fîmes ce trajet plus à pied qu'en traîneaux : nos chiens étoient si foibles, que nous préférions de nous fatiguer nous-mêmes pour les soulager, rarement encore en alloient-ils plus vîte. Nos conducteurs ne pouvoient les faire avancer qu'en s'attelant comme eux pour les aider à tirer nos voitures, & nous les agacions en leur montrant un mouchoir que nous tournions en forme de poisson : ils suivoient cet appât qui fuyoit devant eux, à mesure qu'ils s'approchoient pour s'en saisir.

C'est par ce moyen que nous vînmes à bout de franchir la montagne qui mène à Pouſtaretsk. Je me crus sauvé en mettant le pied dans ce hameau, d'après l'accueil gracieux que nous firent les femmes. Nous en trouvâmes six qui venoient au devant de nous, & qui nous abordèrent avec des démonstrations de joie les plus folles. Nous comprîmes, à quelques mots qu'elles nous dirent, que leurs maris étoient allés à l'oſtrog de Potkagornoï pour y chercher de la baleine. Elles nous conduisirent à leurs habitations en chantant & sautant autour de nous comme des extravagantes. Une d'entr'elles se dépouilla

1788.
Mars.
Du 5 au 9.

Le 9.
Arrivée à Pouſtaretsk.

d'une parque de jeune renne pour en vêtir M. le commandant ; les autres nous exprimoient par de grands éclats de rire leur satisfaction de notre arrivée, à laquelle elles assuroient ne point s'attendre : cela n'étoit guère vraisemblable, mais nous fîmes semblant de les croire, dans l'espérance d'en avoir meilleure composition.

Nous entrâmes à Pouftaretsk le 9 à trois heures après-midi ; notre premier soin fut de visiter tous les réservoirs de poisson. Quel fut notre chagrin en les voyant vides ! nous soupçonnâmes sur le champ que les habitans avoient pris la même précaution que ceux de Gavenki ; & nous voilà à questionner ces femmes, à fouiller de tous côtés, persuadés que les provisions sont cachées : plus on nous le nioit, plus nous poussions nos recherches ; elles furent inutiles, nous ne pûmes rien découvrir.

Dans cet intervalle on avoit dételé nos chiens pour les attacher par pelotons à l'ordinaire. Dès qu'ils furent au poteau, ils se jetèrent sur leurs liens & sur leurs harnois; en une minute tout fut dévoré. En vain essaya-t-on de les retenir; la plus grande partie s'échappa dans la campagne où ils erroient çà & là, mangeant tout ce que leurs dents pouvoient déchirer. Il en mouroit à tous momens quelques-uns qui devenoient aussitôt la proie des autres; Ceux-ci s'élançoient sur ces cadavres & les mettoient en pièces : chaque membre étoit disputé au ravisseur par une troupe de rivaux qui l'attaquoient avec la même furie; s'il succomboit sous le nombre, il étoit à son tour l'objet d'un nouveau combat *(u)*. A l'horreur de les voir ainsi s'entre-dévorer, succédoit le triste spectacle de ceux qui assiégeoient la yourte où nous demeurions. Ces pauvres bêtes étoient toutes d'une maigreur à faire compassion; elles pouvoient à peine remuer : leurs hurlemens

---

(u) Pour nous défendre nous-mêmes contre ces chiens affamés, nous étions réduits à ne point sortir sans nos bâtons, ou sans des armes qui pussent les écarter.

plaintifs & continuels fembloient nous prier de les fecourir, & nous reprocher l'impoffibilité où nous étions de le faire. Plufieurs qui fouffroient autant du froid que de la faim, fe couchoient au bord de l'ouverture extérieure, pratiquée dans le toit de la yourte, & par où s'échappe la fumée; plus ils fentoient la chaleur & plus ils s'en approchoient; à la fin, foit foibleffe, foit défaut d'équilibre, ils tomboient dans le feu fous nos yeux.

Peu d'inftans après notre arrivée, nous vîmes revenir le conducteur du foldat envoyé le 3 à Kaminoi, pour y chercher du fecours; il nous apprit que notre émiffaire en avoit lui-même le plus preffant befoin, trop heureux d'avoir rencontré à douze verftes au nord de Pouftaretsk, une mauvaife yourte abandonnée; il s'y étoit mis à l'abri des tempêtes qui l'avoient égaré dix fois. Les provifions que nous lui avions données pour lui & pour les chiens étoient confommées, & il attendoit impatiemment qu'on vînt le tirer

tirer d'embarras, sans quoi il lui étoit impossible de sortir de son asyle, ni pour exécuter les ordres dont il étoit chargé, ni pour nous rejoindre.

1788. Mars. Le 9. A Pouſtaretski.

M. Kasloff, loin de se laisser abattre par ce nouveau contre-temps, ranima notre courage, en nous faisant part des derniers expédiens qu'il étoit résolu d'employer. Déjà, sur l'assurance qui nous fut donnée qu'une baleine avoit échoué auprès de Potkagornoi, il y avoit envoyé un exprès; la plus grande célérité lui étoit recommandée, & il devoit rapporter de la chair & de la graisse de ce poisson le plus qu'il pourroit.

Exprès envoyé à Potkagornoï pour y chercher de la baleine.

Cette ressource étant encore incertaine, M. le commandant nous proposa de faire le sacrifice du peu de vivres que chacun de nous comptoit réserver pour ses propres chiens. Il étoit question de nous en dessaisir en faveur du sergent Kabéchoff, qui s'offroit d'aller à Kaminoï. Dans la détresse où nous étions, la moindre lueur d'espérance suffisoit pour nous décider à

Le sergent Kabéchoff part pour Kaminoï avec le reste de nos provisions.

Partie Ire   R

1788, Mars.
Le 10.
A Pouſtaretsk.

tout riſquer ; nous embraſsâmes donc cet avis avec tranſport, nous abandonnant au zèle & à l'intelligence de ce ſergent.

Il partit le 10, muni d'inſtructions détaillées & du reſte de nos proviſions. Dans ſa route il devoit ramaſſer notre pauvre ſoldat, & de-là courir remplir la commiſſion dont celui-ci n'avoit pu s'acquitter. Après avoir pris toutes ces meſures, nous nous exhortâmes à la patience, & nous cherchâmes à nous diſtraire de nos ſollicitudes, en attendant qu'il plût à la Providence de nous en délivrer. Je vais employer ce temps à rendre compte des obſervations que j'ai faites à Pouſtaretsk.

Du 10 au 12. Deſcription de Pouſtaretsk & de ſes environs.

Ce hameau eſt ſitué ſur le penchant d'une montagne que la mer arroſe ; car on ne peut pas appeler rivière *(x)*, ce qui n'eſt proprement qu'un golfe fort étroit, qui s'avance juſqu'au pied de cette montagne : l'eau en eſt ſaumâtre & nullement

―――――――――

(x) Les gens du pays la nomment *Pouſtaia-reka*, c'eſt-à-dire, rivière déſerte : ce golfe étoit alors entièrement glacé.

potable; pour y suppléer, nous buvions de la neige fondue, qui étoit notre seule eau douce. Deux yourtes où vivent environ quinze personnes, composent tout le hameau; on peut encore y comprendre quelques balagans, où les habitans vont s'établir au commencement de l'été : ils les ont construits à quelques verstes des yourtes & plus avant dans les terres.

Ils y passent toute la belle saison à pêcher, & à faire leurs approvisionnemens pour l'hiver. A en juger par les alimens que je leur ai vu apprêter & manger, le poisson n'y doit pas être abondant : leur nourriture pendant notre séjour se borna à de la chair ou de la graisse de baleine, à de l'écorce d'arbre crue, & à des bourgeons arrosés avec de l'huile de baleine, de loup marin ou de la graisse d'autres animaux. Ils nous dirent qu'ils avoient pris quelquefois en pleine mer de petites morues; je ne sais s'ils en avoient en réserve dans quelque coin, mais nous avions fait tant de recherches, & nous

1788,
Mars.
Du 10 au 12.
A Pouftaretsk.

Nourriture des habitans pendant notre séjour.

R ij

leur vîmes faire si mauvaise chère, que je finis par les croire réellement aussi pauvres qu'ils paroissoient l'être.

Leur manière de chasser les rennes, qui se trouvent en assez grande quantité dans ces cantons, n'est pas moins sûre que commode. Ils entourent de palissades une certaine étendue de terrain, en laissant seulement quelques ouvertures ; c'est dans ces passages étroits qu'ils tendent leurs filets ou leurs lacs : ils se séparent ensuite pour chasser les rennes dans ces piéges ; ces animaux, en cherchant à se sauver, s'y précipitent & s'y trouvent arrêtés ou par le cou ou par leur bois. Il s'en échappe toujours un grand nombre qui brisent les lacets ou franchissent les palissades ; cependant, une chasse faite par vingt ou trente hommes, a valu parfois plus de soixante rennes.

Indépendamment des travaux du ménage, les femmes sont chargées de la préparation des peaux de divers animaux, particulièrement des rennes, de les teindre & de les coudre. Elles les raclent d'abord avec une pierre taillante enchâssée dans un bâton : après en avoir enlevé la graisse, elles continuent de les ratisser, afin de les rendre moins épaisses, & de leur donner plus de souplesse. La seule couleur dont elles fassent usage pour les teindre, est d'un rouge très-foncé; elles la tirent de l'écorce d'un arbre appelé en Russe *olkhovaïa-déréva*, & connu chez nous sous le nom de *l'aune*. On fait bouillir cette écorce, puis on en frotte la peau jusqu'à ce qu'elle soit bien imprégnée de teinture. Les couteaux qui servent pour couper ensuite ces peaux, sont courbes & de l'invention probablement de ces peuples.

Des nerfs de rennes très-effilés, & préparés par ces mêmes femmes, leur tiennent lieu de fil. Elles cousent parfaitement bien. Leurs aiguilles leur viennent d'Okotsk, & n'ont rien d'extraordinaire; leurs dez ressemblent à ceux de nos tailleurs, elles le mettent toujours sur l'index.

A mon passage à Karagui, j'ai rapporté

1788, Mars. Du 10 au 12. A Pouſtaretsk.

Manière de fumer.

la façon dont ces peuples fument ; mais je ne puis m'empêcher d'y revenir pour en faire connoître les ſuites funeſtes, dont je vis ici pluſieurs exemples. Leurs pipes *(y)* ne ſauroient contenir plus d'une pincée de tabac, qu'ils renouvellent juſqu'à ſatiété, & voici comment ils y parviennent : à force d'avaler la fumée, au lieu de la renvoyer, ils s'enivrent peu-à-peu, au point de tomber dans le feu, s'ils en étoient près. Heureuſement l'habitude qu'ils en ont, leur a appris à ſuivre les progrès de cette défaillance ; ils prennent leurs précautions en s'aſſeyant ou en s'accrochant au premier objet qu'ils rencontrent. Leur pâmoiſon dure au moins un quart d'heure, pendant lequel leur ſituation eſt des plus pénibles ; une ſueur froide inonde leur corps, la ſalive coule de leurs lèvres, la reſpiration eſt gênée & la toux

---

(y) Les tubes de ces pipes ſont de bois & fendus dans leur longueur ; ils s'ouvrent par le milieu, & l'économie des fumeurs les porte à en gratter les parois, pour fumer enſuite ces ratiſſures.

continuelle. C'est lorsqu'ils se sont mis dans cet état, qu'ils croyent avoir fumé délicieusement.

Ni les femmes ni les hommes ne portent ici de chemises *(z)*; leur vêtement ordinaire en a presque la forme; il est moins court & de peau de renne. Quand ils sortent, ils en passent un autre plus chaud par-dessus. En hiver, les femmes n'ont point de jupes, mais des culottes fourrées.

Le 12, M. Schmaleff nous rejoignit. Son retour nous fut d'autant plus agréable que nous en étions fort inquiets. Il y avoit six semaines que nous étions séparés *(a)*, & près d'un mois s'étoit écoulé depuis l'instant fixé pour notre réunion. Il lui restoit très-peu de provisions; mais ses chiens étant moins mauvais que les nôtres, nous en profitâmes pour faire venir nos équipages, que nous avions été forcés de

―――――――――

(z) Dans la description de l'habillement des Kamtschadales, on a vu qu'ils ont sous leur parque une petite chemise de nankin ou de toile de coton.

(a) Le lecteur doit se rappeler qu'il nous avoit quitté à Apatchin le 29 janvier.

R iv

laisser en chemin, & dont nous n'avions eu aucunes nouvelles depuis notre arrivée.

Le vent du sud-ouest qui nous avoit tant incommodés en route, souffla avec la même violence pendant plusieurs jours; il passa ensuite au nord-est, mais le temps n'en fut que plus affreux.

Il sembloit que la nature en colère conspirât aussi contre nous pour multiplier les obstacles & prolonger notre misère. J'en appelle à quiconque s'est trouvé dans une semblable position; il sait s'il est cruel de se voir ainsi enchaîné par des entraves sans cesse renaissantes. On a beau se distraire, s'armer de patience, à la longue les forces s'épuisent & la raison perd ses droits. Rien ne nous rend nos maux plus insupportables que de n'y prévoir aucun terme.

Nous n'en fîmes que trop l'expérience à la reception des lettres qui nous vinrent de Kaminoi: nul secours à en attendre, nous marquoit Kabéchoff; le détachement d'Ingiga étoit hors d'état de venir à notre rencontre; arrivé depuis deux mois à Kaminoi, il y avoit confommé non-feulement fa provifion de vivres, mais encore celles qui nous étoient deftinées. Les chiens s'entre-dévoroient comme les nôtres, & les quarante hommes fe voyoient réduits à la dernière extrémité. Notre fergent nous ajoutoit qu'il avoit pris le parti d'envoyer fur le champ à Ingiga, comme notre unique reffource; fon exprès ne devoit revenir que dans quelques jours, mais il doutoit qu'il rapportât une réponfe fatisfaifante, cette ville ne pouvant être que mal approvifionnée en vivres & en chiens, après l'envoi confidérable qu'elle en avoit fait.

Ce rapport affligeant nous ôta tout efpoir, & nous nous crûmes perdus. Notre découragement & notre triftefle étoient tels, que M. Kafloff fut d'abord infenfible à la nouvelle de fon avancement, qu'il reçut par le même courrier. Une lettre venant d'Irkoutsk, lui apprenoit qu'en reconnoiffance de fes fervices, l'Impératrice le faifoit paffer du

1788. Mars.
Du 12 au 17.
A Pouftaretsk.

M. Kafloff reçoit la nouvelle de fon avancement.

commandement d'Okotsk à celui de Yakoutsk. En toute autre circonstance, cette faveur l'eût transporté; elle offroit à son zèle un champ plus vaste, & plus de moyens d'exercer ses talens dans l'art de gouverner ; mais il étoit loin de songer à calculer les avantages de son nouveau poste. Tout sentiment en lui cédoit à celui de notre danger, il en étoit comme absorbé.

Dans un moment aussi critique, je ne puis attribuer qu'à une inspiration du ciel, l'idée qui me vint tout-à-coup de me séparer de M. Kasloff. En y réfléchissant, je sentis tout ce qu'elle avoit de désobligeant pour lui & de chagrinant pour moi; je voulus la repousser, mais en vain, malgré moi je m'y arrêtois; je pensois à ma patrie, à ma famille, à mon devoir. Leur ascendant invincible l'emporta, & je m'ouvris à M. le commandant. Au premier aperçu, le projet lui parut extravagant, & il ne manqua pas de le combattre. Le desir de l'exécuter me fournit des réponses à toutes ses objections. Je lui prouvai qu'en demeurant unis, nous nous ôtions l'un à l'autre les moyens de poursuivre notre route; nous ne pouvions partir ensemble sans un nombreux renfort de chiens: parmi ceux qui nous restoient, il n'y en avoit guère que vingt-sept passables, tous les autres étoient morts ou incapables de servir *(b)*. L'un de nous consentant à céder à l'autre ces vingt-sept chiens, ce dernier acquéroit la possibilité d'avancer, & son départ débarrassoit celui qu'il quittoit, du soin de nourrir encore ce petit nombre de coursiers affamés. Mais, me disoit M. Kasloff, ne vous faudra-t-il pas toujours quelques provisions pour eux? & comment vous en procurerez-vous?

Je ne savois trop que répliquer à cette observation, lorsqu'on nous dit que notre exprès arrivoit de Potkagornoi. Plus heu-

―――――――――――――――――――

(b) On n'a pas oublié sans doute que nous étions partis de Bolcheretsk avec une meute de près de trois cents chiens.

1788, Mars.
Du 12 au 17.
A Pouſtaretsk.

Il nous arrive de Potkagornoi, de la chair & de la graiſſe de baleine.

Le calme rétabli parmi les Koriaques.

reux que tous les autres, il nous apportoit de la chair & de la graiſſe de baleine en grande quantité : ma joie, à ſa vue, fut extrême, toutes les difficultés étoient levées, je me crus déjà ſorti de Pouſtaretsk. Dans la même minute je revins à la charge auprès de M. le commandant, qui, n'ayant plus rien à m'oppoſer, & ne pouvant qu'applaudir à mon ardeur, ſe rendit à mes ſollicitations. Il fut arrêté que je partirois ſeul le 18 au plus tard. Dès ce moment nous nous occupâmes des diſpoſitions néceſſaires pour aſſurer l'exécution de ce projet.

Tout me portoit à me flatter du ſuccès. Au milieu des triſtes nouvelles qui nous étoient venues de Kaminoi, il s'en trouvoit quelques-unes de très-conſolantes ; on nous affirmoit, par exemple, que nous n'y ſerions nullement inquiétés à notre paſſage. Le calme s'étoit rétabli parmi les Koriaques, &, pour nous en convaincre, ils avoient voulu que pluſieurs d'entr'eux accompagnaſſent le ſoldat chargé des lettres à l'adresse de M. le commandant. Le fils même du chef des rebelles, appelé *Eitel*, étoit à la tête de l'escorte; il nous dit que ses compatriotes nous attendoient depuis long-temps avec impatience, & que son père se proposoit de donner à M. Kasloff des preuves de son respect en venant au-devant de lui.

1788, Mars. Du 12 au 17. A Pouftaretsk.

Charmés de n'avoir plus rien à craindre, au moins de ce côté, nous nous empressâmes de témoigner à ces Koriaques notre satisfaction de leur bonne volonté pour nous; nous leur fîmes tous les présens que notre situation nous permettoit, en tabac, en étoffes & en divers objets que j'avois achetés pendant mon voyage sur mer, & d'autres qui m'avoient été laissés par M. le comte de la Pérouze. Nous leur en donnâmes aussi pour leurs parens; mais notre soin principal fut de les enivrer de notre mieux, pour qu'ils eussent bien à se louer de notre accueil: il falloit les traiter suivant leur goût; or, c'est-là chez eux l'essence de la politesse.

Accueil que nous faisons aux Koriaques.

1788, Mars.
Du 12 au 17.
A Pouſtaretsk.

Ils ſe chargent de deux de mes porte-manteaux.

Je propoſai à ces Koriaques de ſe charger de deux de mes porte-manteaux; ils ne parurent pas d'abord s'y prêter volontiers, parce que j'exigeois qu'ils fuſſent conduits juſqu'à Ingiga; cependant à force de careſſes & d'argent, j'obtins qu'ils les prendroient ſur leurs traîneaux. L'intérêt ſeul les détermina à me rendre ce ſervice; mais il m'étoit ſi utile, que je ne crus pas l'avoir trop payé. Débarraſſé par-là de mon bagage, je n'avois plus à ſonger qu'à mes dépêches; j'étois d'ailleurs à peu-près ſans inquiétudes ſur les effets que je confiois à ces Koriaques; le ſoldat chargé de la poſte d'Ingiga, s'en retournoit avec eux, il m'avoit promis d'en avoir ſoin, & de veiller à ce que mes intentions fuſſent fidèlement ſuivies.

M. Kaſloff me remet ſes dépêches, & me donne les paſſeports néceſſaires pour ma ſûreté.

Juſqu'au moment de mon départ, M. Kaſloff travailla *(c)* à l'expédition de ſes

―――――――――――――――――
(c) Ce fut véritablement un travail & des plus fatigans, ſi l'on conſidère que dans ces yourtes nous ne pouvions écrire que couchés par terre, encore étions-nous abymés de fumée, & voyions-nous notre encre ſe geler à côté de nous.

lettres, dont il étoit convenu que je me chargerois; il me délivra un *podarojenei* ou passeport qui devoit me servir jusqu'à Irkoutsk, où il écrivoit en outre pour qu'on eût à me fournir les secours dont j'aurois besoin. Ce passeport étoit un ordre à tous les officiers Russes & autres habitans sujets de l'Impératrice, que je rencontrerois jusque-là, de me faciliter les moyens de continuer ma route avec sûreté & promptitude. La prévoyance de M. le commandant n'oublia rien de ce qui pouvoit m'être nécessaire : il n'eût pas porté plus loin les attentions, quand j'eusse été son frère le plus chéri.

Je m'arrête, car je ne puis résister à l'émotion que j'éprouve, en pensant que je vais quitter cet homme estimable, à qui les qualités de son ame, plus que les grâces de son esprit, m'ont attaché pour la vie. Le sacrifice généreux qu'il me fait pèse en ce moment sur mon cœur, & je me reproche de l'avoir désiré. Qu'il m'en coûte pour le laisser dans ces déserts, sans

1788, *Mars.*
Du 12 au 17.
A Poustaretsk.

Mes regrets en me séparant de M. Kasloff.

savoir, avant que d'en sortir, comment il pourra lui-même s'en tirer! l'image de sa triste position me poursuit & m'agite. Ah! sans doute pour me résoudre à m'en séparer malgré la défense que m'en avoit faite M. le comte de la Pérouze, il falloit, je le répète, que je fusse entraîné par la conviction qu'il ne me restoit pas d'autres moyens de parvenir à remettre promptement mes dépêches. Sans ce motif, sans cet objet unique de ma mission, rien ne justifieroit à mes yeux mon empressement à partir. Puisse le témoignage que ma reconnoissance rendra à jamais des bontés de M. Kasloff à mon égard, & de son zèle pour le service de sa souveraine, contribuer en quelque chose à son avancement & à son bonheur! il ne manqueroit plus au mien que le plaisir de le revoir & de le serrer dans mes bras.

FIN de la première Partie.

TABLE

Des indications de la première Partie.

INTRODUCTION.................. *Page* 1
Je quitte les frégates & reçois mes dépêches...... 3
Je reste entre les mains de M. Kasloff, commandant Russe................... 5
Départ des frégates du Roi................. 6
Impossibilité de me rendre à Okotsk avant l'établissement du traînage................ 7
Détails sur le port de Saint-Pierre & Saint-Paul, & sur un projet qui y est relatif.............. 9
Nature du sol................... 16
Climat...................... 17
Rivières ayant leur embouchure dans la baie d'Avatcha..................... 18
Départ de Saint-Pierre & Saint-Paul......... 20
Arrivée & séjour à Paratounka............. 23
Description de cet ostrog................ 24
Habitations des Kamtschadales............. 25
Description des balagans................ 26
Description des isbas.................. 29
Chef ou juge de chaque ostrog............. 32
Notes sur l'église & les environs de Paratounka. 33
Départ de Paratounka.................. 35
Arrivée à Koriaki.................... 37
Description de cet ostrog................ *ibid.*
Départ de Koriaki.................... 38

Partie Ire   S

Table des indications.

Arrivée & séjour aux bains de Natchikin...... 40
Description des sources chaudes de Natchikin.... 41
Description des bains.................. 42
Construction de nos demeures auprès de ces bains. 43
Instruction pour faire l'analyse de ces eaux thermales. 45
Résultat de nos expériences............... 49
Chasse d'une martre zibeline.............. 54
Préparatifs pour notre départ............. 57
Départ de Natchikin, & détails sur notre route. 58
Arrivée à Apatchin, & notes sur ce village.... 63
Arrivée à Bolcheretsk.................. 65
Naufrage de la galiote d'Okotsk............ 66
Nous allons à la découverte du bâtiment naufragé. 67
Hameau de Tchekafki.................. 68
Embouchure de la Bolchaïa-reka............ 70
Notes sur l'embouchure de Bolchaïa-reka...... 71
Ouragan terrible..................... 72
Retour à Bolcheretsk où j'ai séjourné jusqu'au 27
    janvier 1788................... 74
Description de Bolcheretsk............... *ibid.*
Différence remarquable entre Saint-Pierre & Saint-Paul
    & Bolcheretsk..................... 78
Population à Bolcheretsk................ *ibid.*
Commerce frauduleux des Cosaques & autres.... 79
Commerce en général.................. 82
Manière de vivre des habitans de Bolcheretsk, & en
    général des Kamtschadales, & leurs habillemens. 85
Alimens........................... 87
Boissons.......................... 91
Indigènes......................... 93

Table des indications.

Réflexions sur les mœurs des habitans de Bolcheretsk................................... 95
Bals donnés aux dames de Bolcheretsk, & remarques faites dans ces bals.................. 99
Fêtes & danses Kamtschadales............ 101
Chasse de l'ours........................ 104
Chasses................................ 108
Pêches................................. 111
Les chevaux sont rares.................. 113
Les chiens............................. ibid.
Traîneaux.............................. 116
Manière de chasser le lièvre & la perdrix..... 122
Maladies............................... 125
Médecins sorciers....................... 128
Forte complexion des femmes............. 130
Remède dû à l'ours..................... 132
Religion............................... ibid.
Églises................................ 134
Impôts ou tributs....................... 136
Monnoies.............................. 137
Paye des soldats........................ ibid.
Administration......................... 138
Tribunaux............................. 140
Usages pour les successions.............. 141
Note relative aux mariages............... 142
Punitions.............................. ibid.
Idiome................................ 143
Note sur le climat...................... 144
Causes qui ont nécessité la longueur de notre séjour à Bolcheretsk............................ 147

Préparatifs pour notre départ, fixé au 27 janvier. 148
Départ de Bolcheretsk.................. 150
Arrivée à Apatchin.................... 152
Adieux des habitans de Bolcheretsk......... 153
Cause de la mauvaise opinion que les habitans du Kamt-
 schatka avoient des François........... 154
Détails historiques sur Beniovski........... ibid.
M. Schmaleff nous quitte pour faire la visite du reste
 de son département................ 156
Départ d'Apatchin.................... ibid.
Arrivée à Malkin..................... 157
Ostrog de Malkin.................... 159
Détour forcé........................ ibid.
A Ganal............................ 160
Journée très-pénible.................. 161
A Pouschiné........................ 162
Isbas sans cheminée.................. ibid.
Lampe Kamtschadale................. 163
Saleté des individus qu'on trouve dans ces isbas. 164
Chemins remplis de neige; exercice fatigant de mes
 conducteurs..................... 165
A Vercknei-kamtschatka ou Kamtschatka supérieur. 166
Présent que nous fait Ivaschkin............ 167
Zaimka ou hameau habité par des laboureurs.. 168
Habitans de Milkoff................... 170
Ostrog de Kirgann................... 173
Séjour à Machoure chez M. le baron de Steinheil. 176
Ostrog de Machoure.................. 177
Nouveaux détails sur les chamans.......... 178
Avis d'une révolte des Koriaques.......... 183

Table des indications.

Départ de Machoure............ 186
Volcans de Tolbatchina & de Klutchefskaïa... 188
Mariages prématurés au Kamtfchatka......... 190
Voyage à Nijenei-kamtfchatka........... *ibid.*
Je quitte M. Kafloff à Tolbatchina.......... 191
Événemens dans mon voyage à Nijenei-kamtfchatka............ *ibid.*
Oftrog d'Ouchkoff............. 192
Oftrog de Kreftoff............. 193
Volcan de Klutchefskaïa........... 194
Habitans de Klutchefskaïa.......... *ibid.*
Oftrog de Klutchefskaïa........... 195
Oftrog de Kamini............ 196
Oftrog de Kamokoff & de Tchoka....... 197
Arrivée à Nijenei........... *ibid.*
Defcription de cette capitale du Kamtfchatka... *ibid.*
Fête donnée par M. le major Orléankoff..... 200
Le protapope ou archiprêtre........ 202
Tribunaux à Nijenei........... *ibid.*
Digreffion fur des Japonois que je trouvai à Nijenei. 203
Détails fur le chef de ces Japonois......... 205
Monnoie du Japon............. 209
Marchandifes qui faifoient partie de la cargaifon du vaiffeau Japonois............ 210
Départ de Nijenei-kamtfchatka........ 211
Je rejoins M. Kafloff à Yélofki......... 212
Tempête qui nous furprit en route........ 213
Halte forcée auprès d'un bois........ 214
Manière dont les Kamtfchadales préparent leur lit fur la neige............ 215

Table des indications.

Oftrog d'Ozernoï.................................. 216
Oftrog d'Ouké.................................... 217
A Khaluli, baidar recouvert en cuir........... 218
Oftrog d'Ivafchkin............................... 221
Nous trouvons à Drannki M. Haus, officier Ruffe. *ibid.*
Baie confidérable & affez commode............ 222
Oftrog de Karagui, le dernier du diftrict du Kamtfchatka.................................. *ibid.*
Defcription des yourtes......................... 224
Diftribution intérieure & ameublement des yourtes. 226
Habillement des enfans.......................... 228
Idiome des habitans de cet oftrog.............. 229
Des Koriaques nous amènent deux rennes en vie.. 230
Diftinction des deux fortes de Koriaques...... *ibid.*
Arrivée de nos provifions....................... 232
Célèbre danfeufe Kamtfchadale.................. 233
Amour de ces peuples pour le tabac........... 235
Adieux des Toyons qui nous avoient fervi d'efcorte 236
Marques d'affection que me donnèrent les Kamtfchadales.. 237
Départ de Karagui, & circuit forcé par la débâcle d'une baie................................... 238
Difpofitions de nos haltes en rafe campagne.... 239
En quoi confiftoit notre fouper, notre unique repas. *ibid.*
Nos chiens commencent à fouffrir de la difette, plufieurs périffent................................. 240
Soldat envoyé à Kaminoi pour y chercher du fecours... 241
Arrivée au village de Gavenki.................. *ibid.*
Defcription de Gavenki.......................... 242

Table des indications.

Querelle entre un de nos fergens & deux habitans de Gavenki	243
Punition des coupables	244
Les habitans nous refufent du poiffon	245
Poiffon qu'on pêche fur ces côtes	247
Lac des environs de Gavenki	ibid.
Départ de Gavenki	248
Notre guide nous égare	ibid.
La famine nous enlève nos chiens	249
Nous laiffons nos équipages au milieu du chemin	250
Nouvelles peines	ibid.
Moyen dont nous nous fervions pour faire avancer nos chiens	252
Arrivée à Pouftaretsk	253
Recherches inutiles pour trouver du poiffon	254
Trifte fpectacle que nous offrent nos chiens	ibid.
Le foldat envoyé à Kaminoi, arrêté en route	256
Exprès envoyé à Potkagornoi pour y chercher de la baleine	257
Le fergent Kabéchoff part pour Kaminoi avec le refte de nos provifions	ibid.
Defcription de Pouftaretsk & de fes environs	258
Nourriture des habitans pendant notre féjour	259
Manière de chaffer les rennes	260
Occupation des femmes	ibid.
Manière de fumer	262
Habillement	263
M. Schmaleff nous rejoint	ibid.
Réponfe affligeante du fergent Kabéchoff	264

M. Kasloff reçoit la nouvelle de son avancement.. 265
Je conçois l'idée de me séparer de M. Kasloff.. 266
Il nous arrive de Potkagornoi de la chair & de la
 graisse de baleine.................... 268
Le calme rétabli parmi les Koriaques. ...,. *ibid.*
Accueil que nous faisons aux Koriaques...... 269
Ils se chargent de deux de mes porte-manteaux.. 270
M. Kasloff me remet ses dépêches, & me donne les
 passeports nécessaires pour ma sûreté...... *ibid.*
Mes regrets en me séparant de M. Kasloff..... 271

FIN de la Table de la Ire Partie.